UMA VEZ SALVO, SALVO PARA SEMPRE?

Um estudo sobre perseverança e herança

DAVID PAWSON

Copyright © 2021 David Pawson Ministry CIO
English title: Once Saved, Always Saved?

Os direitos autorais referentes a este livro são assegurados a
David Pawson, de acordo com a Lei de Direitos Autorais, Desenhos Industriais
e Patentes de 1988 (Reino Unido).
Todos os direitos reservados.
Nenhuma parte desta publicação pode ser reproduzida ou distribuída, em
qualquer forma ou por quaisquer meios, sejam eles eletrônicos ou mecânicos,
incluindo fotocópias e gravações, ou por qualquer sistema de armazenamento e
recuperação de informações, sem autorização prévia, por escrito, da Editora.

Outras versões bíblicas utilizadas:
(ARA) Almeida Revista e Atualizada, copyright 2009
Sociedade Bíblica do Brasil. Todos os direitos reservados.
(ARC) Almeida Revista e Corrigida, copyright 1995
Sociedade Bíblica do Brasil. Todos os direitos reservados.
(NTLH) Nova Tradução na Linguagem de Hoje, copyright 2000
Sociedade Bíblica do Brasil. Todos os direitos reservados.
(KJA) Bíblia King James Atualizada, copyright 1999 AbbaPress.
Todos os direitos reservados.

Traduzido por Cláudia Vassão Ruggiero
Revisado por Elisabete da Fonseca

Esta tradução para o português foi publicada
pela primeira vez na Inglaterra, em 2021 por
Anchor Recordings Ltd

Para obter outros materiais de ensino de David Pawson, inclusive
DVDs e CDs, acesse www.davidpawson.com
PARA DOWNLOADS GRATUITOS www.davidpawson.org
Mais informações pelo e-mail info@davidpawsonministry.com

ISBN 978-1-913472-22-1

Impressão: INGRAM

SUMÁRIO

Prefácio de Roger Forster   05
Prólogo   11

1. Principais variações   19
A visão "Alfa"
A visão "Ômega"

2. Pressupostos evangélicos 25
Salvação
Fé
Perdão
Vida eterna
Reino de Deus

3. Fundamentação bíblica   45
Antigo Testamento
Novo Testamento

4. Tradições históricas   105
Agostinho e Pelágio
Lutero e Erasmo
Calvino e Armínio
Whitefield e Wesley

5. Objeções teológicas   123
Deprecia a graça?
Nega a predestinação?
Degrada a conversão?
Destrói a certeza da salvação?
Exige obras?

6. Contradições fundamentais   **147**
Visão excessivamente inferiorizada do homem
Visão excessivamente elevada de Deus

7. Implicações práticas   **163**
Perder a herança
Preservar a herança

8. Considerações sobrenaturais   **169**
A vontade do Pai
A vida do Filho
O poder do Espírito
O amor dos irmãos
A fraqueza do diabo

Epílogo	179
Referências Bibliográficas	181
Apêndices: I Textos instigantes	183
II O apóstolo da apostasia	193

PREFÁCIO
Roger Forster

É verdadeiramente um sinal de favor imerecido, geralmente chamado de "graça", que David Pawson tenha gentilmente pedido que eu redigisse o Prefácio de seu livro. David é o alvo desse elogio, pois é notório em alguns círculos que temos a tendência de chegar a conclusões discordantes em algumas áreas da teologia. Isso não significa que eu não tenha desfrutado e me beneficiado do grande esforço que ambos dedicamos aos nossos posicionamentos distintos. Felizmente, entretanto, eles não representam toda a verdade (e, de fato, felizmente, nenhum de nós alega ser o detentor da verdade). Certa ocasião, estando ambos em uma conferência de líderes, a maioria dos participantes, com a notável exceção de mim mesmo, desconhecia certo argumento escatológico apresentado por David ou discordava dele. Nossa concordância despertou alguns murmúrios de incredulidade, aos quais David respondeu: "Estão vendo? Vocês pensam que discordamos em tudo. Mas estamos de acordo em 90 por cento". É verdade, e me alegro pelo fato de que partilhamos da mesma visão no que diz respeito ao *kerygma* da proclamação da encarnação, do ministério, da crucificação, da ressurreição, da ascensão, dos dons do Espírito e da segunda vinda, munidos do desejo mútuo de ver o mundo evangelizado e o retorno de Jesus, mesmo que, de tempos em tempos, não concordemos em todas as questões. É possível que, quando estivermos face a face com Jesus, o meu olhar e o de David se encontrem não para dizer "Eu te disse", mas para partilharmos, como verdadeiros adoradores, de nossa admiração mútua por nosso Salvador e para encorajarmos um ao outro a uma maior devoção ao seu serviço eterno. Isso, é claro, se aqueles que, como eu, estiverem lá atrás conseguirem enxergar os que estiverem lá na frente.

Neste livro, há alusões a certos posicionamentos, certas interpretações e ênfases que eu teria redigido de outra maneira. Gostaria, por exemplo, de aplaudir a visão e o valor da Spring Harvest e honrar sua contribuição, que não se limitou à Igreja Britânica, mas foi além dela. Posso garantir ao leitor que a experiência de David registrada nestas páginas, embora de fato dolorosa, não é comum. Mais uma vez, eu mesmo colocaria maior ênfase na categoria "perda do prêmio" e não da vida eterna em si. No entanto, desejo deixar claro que, na tese como um todo, a saber, a possibilidade de o crente perder a salvação, a importância da responsabilidade humana e a necessidade de desprendimento do pensamento evangélico corrente, fundamentado nos cinco pontos do calvinismo, considero um privilégio unir meu nome ao de David e contribuir com o clarim que convoca a Igreja a se levantar e encarar com seriedade a santidade, a obediência e o discipulado.

No início deste livro, você lerá sobre um evento do qual nós dois, mais uma vez, participamos. David havia pregado sobre Filipenses 3, com grande ênfase na necessidade de nos atermos à "ressurreição [para fora] dentre os mortos". Como o livro insistirá fortemente, é necessário que busquemos a santidade sem a qual "ninguém verá o Senhor" (Hb 12.14). Como consequência dessa ênfase na santidade, muitos dos presentes sentiram-se inseguros a respeito de seu relacionamento com Deus. Os líderes do encontro, percebendo a insegurança sentida por outros quanto à certeza da salvação, responderam de forma pouco apropriada. Na plateia, por acaso, estava meu irmão. Quarenta anos antes, ele havia me presenteado com uma Bíblia de margens largas (a Versão Autorizada, naqueles tempos distantes). Eu a tinha comigo e aproveitei a oportunidade não apenas para conduzir a congregação à Palavra e desafiá-la em relação ao que havia sido pregado, mas também acrescentar que, naquela minha Bíblia, eu escrevera, de forma abreviada, a mensagem de Filipenses 3: "E possa ser encontrado nele, não tendo a minha própria justiça que procede da lei, mas a que vem mediante a fé em Cristo, a justiça que procede de Deus e se baseia na

PREFÁCIO

fé, para que eu possa conhecê-lo, o poder da sua ressurreição e a participação em seus sofrimentos, tornando-me como ele em sua morte para, de alguma forma, alcançar a ressurreição dentre os mortos [...] a fim de ganhar o prêmio". Acrescentei que, ao longo dos anos, esse fora para mim um encorajamento constante à santidade e que, pela graça de Deus, depois de quarenta anos, eu ainda percorria o caminho estreito do discipulado com a esperança de agradá-lo e, um dia, vê-lo face a face. O medo de *"não ser encontrado nele"* (v. 9) ou de *"não ganhar o prêmio"* (v. 14) de forma alguma impedia que eu desfrutasse da sua graça, tampouco havia me conduzido a uma confiança imaginária em um evangelho de boas obras que, de forma alguma, é o evangelho.

Há muito no livro de David que eu, seguramente, gostaria de elogiar, sem que pareça presunção da minha parte. Em primeiro lugar, do ponto de vista teológico, no que se refere às posições aparentemente conflitantes de calvinistas e arminianos quanto à afirmação "uma vez salvo, salvo para sempre". Esses pontos de vista são considerados muito mais próximos em suas afirmações do que se imagina. Não vou antecipar a argumentação; você deve lê-la aqui. Considero a discussão muito útil e espero que venha unir aqueles que temem ser ainda mais distanciados por causa deste livro. Segundo, quanto à contemporaneidade, este livro é uma mensagem para os nossos dias. Neste tempo em que o estilo de vida, a santidade e a obediência a Deus em nossas igrejas parecem não se distinguir do comportamento daqueles que declaram não ter nenhuma lealdade a Cristo, precisamos de tal reavaliação. A frouxidão moral e ética bem como a negligência das boas obras às quais somos admoestados exigem um exame minucioso do que ensinamos e do exemplo que oferecemos aos crentes. Nosso evangelho é, de fato, uma passagem gratuita para o céu ou um chamado para nos conformarmos com a imagem do Filho de Deus? Não podemos mais afirmar como fez o apóstolo Paulo na carta dirigida às mesmas pessoas "Pois vocês são salvos pela graça, por meio da fé" (Ef 2.8) e também acrescentar "Nenhum imoral nem impuro nem ganancioso, que é idólatra, tem herança no Reino de Cristo e de Deus. Ninguém os engane com palavras tolas" (Ef 5.5-6), sem que sejamos acusados de pregar a salvação pelas obras? Ou, diferentemente de Paulo, estamos proibidos de exortar os crentes, a quem "não faltava nenhum dom espiritual" (1Co 1.7), sobre o perigo de pensar que poderiam desfrutar da graça de Deus mesmo se retornassem à prática das coisas das quais haviam sido lavados e santificados, a saber "fornicação, idolatria, adultério, efeminação, homossexualidade, roubo, cobiça, bebedeira, ultraje, trapaça" (1Co 6.9-11)? Se essas abordagens exemplificadas pelo apóstolo e registradas nas escrituras do Novo Testamento com respeito à vida e à disciplina da Igreja primitiva não são admissíveis em "nosso evangelho", então devemos examinar nossa mensagem com rigor. Sugiro, humildemente, que talvez muitos de nós devam fazê-lo!

Precisamos reconsiderar a possibilidade de se perder a salvação, a necessidade de se esforçar para alcançar um prêmio e o fato de que as pessoas criadas à imagem de Deus são responsáveis – com temor e tremor – por suas decisões e atos. Não seria a hora de sermos suficientemente ousados para arrancar a filosofia grega de nossas interpretações teológicas e trazer a onisciência, a onipresença, a impassibilidade, a imutabilidade e a relação entre tempo e eternidade sob o escrutínio das Escrituras? O livro de David nos ajudará nisso. Talvez você não concorde com todas as suas observações. Eu faria exceções a algumas delas, mas me alegro que estejam aqui e creio que sejam mais uma das razões para que a leitura desta obra seja feita com atenção e oração.

Além de todas as áreas de revelação bíblica submetidas ao escrutínio de David, desde a ideia da "justificação" e de que "podemos ser '*desjustificados*'" até a "vida eterna" e "quão eterna ela é?", a área de plena concordância para aqueles entre nós que assumem posicionamento semelhante quanto ao "temor do Senhor" e que encaram a santidade com seriedade

PREFÁCIO

é o fato de colocarmos a ênfase no amor de Deus. Ao longo de seu livro, David nos leva a finalmente enfatizar o amor de Deus. Escrevi em um de meus livros que o inferno deve existir porque Deus é amor. Há um veredito em nossas obras: "Pois todos nós devemos comparecer perante o tribunal de Cristo, para que cada um receba de acordo com as obras praticadas por meio do corpo, quer sejam boas quer sejam más" (2Co 5.10), e "uma terrível expectativa de juízo" (Hb 10.27), visto que, no fim, aos que afirmam "seja feita a minha vontade" em lugar de "seja feita a tua vontade", o Senhor, infelizmente, deve responder: "então seja feita a tua vontade". É algo terrível, assustador, uma aterrorizante condenação a receber, uma transferência de tudo o que é contrário ao caráter de Deus: egoísmo, orgulho, luxúria, arrogância, ódio, malícia; o oposto da Pessoa e das obras amáveis de Deus observadas em Jesus. O veredito definitivo de nosso próprio decreto é o banimento da presença amorosa de Deus e de tudo o que ele é. Se hoje não anseio buscar o que Deus é, por que eu deveria desejá-lo no dia em que me apresentar ao julgamento? Esse Deus que é amor, e não tem nada mais a oferecer além de si mesmo, respeitará nossa vontade. Se o rejeitarmos e escolhermos o oposto de seu caráter e de sua Pessoa, virá dele a declaração: "o inferno é a única solução".

Mais uma vez, é na visão compartilhada da supremacia do amor, a essência de Deus, que David e eu nos unimos. Não é estranho, aliás, que nenhum credo histórico da Igreja jamais tenha reivindicado como fundamental à nossa fé a declaração de que Deus é amor e a origem e a base do seu caráter? Talvez isso seja significativo quando estamos tentando entender a doutrina da perdição e a necessidade da santidade conforme discutido acima e ao longo do livro que você está prestes a ler. A visão amorosa de Deus e o nosso chamado à perseverança são vistos em outro aspecto de que David e eu compartilhamos: nosso amor pelo Hinário Metodista. Você encontrará essas palavras registradas na última página deste livro. Quero colocá-las também na primeira página. O antigo

UMA VEZ SALVO, SALVO PARA SEMPRE?

Hinário Metodista, que até hoje uso em minhas devocionais, já percorreu o mundo comigo.

Um lindo hino, cuja primeira linha diz *"Vamos, meus companheiros de aflição"* (palavras que dirijo aos leitores, cuja aflição, sem dúvida, foi agravada com este Prefácio: animem-se e continuem a leitura; o livro, de fato, fica melhor!), também contém estes versos:

> *Os que aqui padecem por nosso mestre,*
> *Contemplarão a sua face,*
> *Ao seu lado se assentarão enfim*
> *O prêmio pela fé paciente receberão*
> *E coroados serão todos os que*
> *suportarem a cruz até o fim*

Todas as promessas encontradas nos versos 6 e 7 são dirigidas à fé paciente e à perseverança até o fim:

> *O Pai, resplandecente em seu trono*
> *O glorioso e coeterno Filho*
> *O Espírito, um e sete,*
> *Conspiram para completar nosso arrebatamento;*
> *Vê que prostrados estamos a seus pés*
> *E o silêncio ao céu remete.*
>
> *Na esperança dessa pausa contemplativa,*
> *Jesus agora escoramos a Cruz,*
> *E diante dela, prostrados;*
> *Até que os segredos sejam revelados,*
> *Até que os espíritos sejam elevados,*
> *E Deus seja tudo em todos, exaltado.*

[tradução livre do hino de C. Wesley]

Roger Forster
Julho de 1996

PRÓLOGO

Enquanto eu escrevia este livro, tomei um trem com destino a Londres para visitar meu editor. A última parada para o embarque de passageiros era a estação *Clapham Junction*. Na outra extremidade do vagão em que eu estava, um homem embarcou, sentou-se e encarou-me por alguns minutos antes de se aproximar e tomar o assento à minha frente. Recordo-me da nossa conversa:
— Eu acho que conheço o senhor. O senhor não é pastor?
— Sim. De onde você me conhece?
— Há quinze anos, alguém me levou a Guildford para ouvir um pregador e creio que era o senhor.
— É muito provável que tenha sido eu mesmo. Você é cristão?
— Sim. [pausa] Posso fazer uma pergunta?
— Não posso garantir uma resposta, mas qual seria a pergunta?
— Bem, é o seguinte: larguei minha esposa e atualmente estou vivendo com outra mulher.
— Por que você deixou sua esposa?
— Porque conheci outra mulher e me apaixonei por ela.
— Então o que você gostaria de saber?
— Se eu me divorciar legalmente da primeira mulher e me casar com a segunda mulher, isso consertaria minha situação aos olhos de Deus?
— Não, infelizmente não.
— Então, qual seria a solução?
— Você precisaria deixar esta mulher e voltar para sua esposa.
— Eu esperava que você dissesse isso.
— Creio que é exatamente o que Jesus lhe diria se você fizesse a mesma pergunta a ele.

Houve um momento de silêncio entre nós. O trem começou a reduzir a velocidade perto da estação Waterloo e percebi que eu teria mais um ou dois minutos com ele. Meu desejo era estimular nele o temor do Senhor, que é o princípio da sabedoria, então retomei a conversa dizendo:
— Você tem uma escolha difícil a fazer.

— Qual?

— Você tem que escolher se vai viver com essa mulher pelo resto de sua vida aqui na terra ou com Jesus por toda a eternidade, mas você não pode ter os dois.

Seus olhos se encheram de lágrimas, mas ele saltou do trem para a plataforma e desapareceu na multidão. Senti um pouco do que Jesus deve ter sentido quando o jovem rico o deixou. Minha oração naquele momento foi para que ele nunca se esquecesse da conversa que tivemos até o dia em que encontrasse lugar para o arrependimento em seu coração.

Mas eu estava certo ao afirmar aquilo? Estava lhe dizendo a verdade ou tentando assustá-lo com base em uma mentira? O que ele realmente queria era que eu lhe desse uma garantia de que seu pecado não afetaria sua salvação. Isso eu não poderia lhe oferecer.

Essa mesma questão havia surgido cerca de um ou dois meses antes, dessa vez envolvendo não apenas uma pessoa mas algumas milhares. Eu era o principal preletor das plenárias no período da noite da conferência da Spring Harvest, em Minehead, Inglaterra, e o tema era a carta de Paulo aos Filipenses. Quando cheguei ao versículo 11 do capítulo 3 ("para, de alguma forma, alcançar a ressurreição dentre os mortos"), destaquei que Paulo considerava que um cristão poderia perder a salvação futura, uma vez que ele próprio, depois de ter pregado aos outros, temia "vir a ser reprovado" (1Co 9.27). Usei outros textos de várias partes do Novo Testamento (veremos todos eles no capítulo 3) para sustentar essa afirmação.

Em seguida, falei sobre aqueles que "brincam com Deus porque acreditam que sua entrada no céu está garantida" e citei como exemplo os cristãos que deixam seus cônjuges por causa de outras pessoas, tanto nos casos em que simplesmente passam a morar juntos como nos casos em que se divorciam e se casam novamente. Muitas dessas pessoas continuam frequentando a igreja, alegando que Deus não deixou de abençoar seu novo relacionamento, e mantêm a expectativa

PRÓLOGO

de ir para o céu um dia. No entanto, o pecado continua sendo pecado, seja praticado por crentes ou descrentes. Deus não tem favoritos. Somos justificados pela fé, mas seremos julgados pelas obras.

Essas breves afirmações quase provocaram um tumulto! Assim que concluí a mensagem, um dos líderes que estavam na plataforma apressou-se em tomar a frente e proclamou em alto e bom som, repetidamente: "Nada pode nos separar do amor de Deus que está em Cristo Jesus", e pediu para os músicos ministrarem um cântico baseado nesse versículo. Em seguida, um dos principais responsáveis pelo evento começou a orar por mim e por minha pobre esposa, "pois às vezes David entende as coisas da forma errada". A situação não ficou pior porque Roger Forster pegou o microfone e disse que deveríamos nos focar na mensagem, e não em quem a trouxe. Ele fez um apelo respondido por muitos homens, liderados à frente por sete homens com lágrimas no rosto. Não havia conselheiros suficientes para acompanhar todos os que responderam ao apelo. O líder me disse, depois, que eles nunca haviam testemunhado um arrependimento tão genuíno na sala de aconselhamento.

A gravação da mensagem foi inicialmente proibida de circular, sendo posteriormente liberada após muitos protestos, mas somente depois de ser inserida uma "nota explicativa" dizendo que eu não tive a oportunidade de explicar minhas colocações por falta de tempo, o que simplesmente não era verdade.

Essa foi a última vez que ministrei nas conferências da Spring Harvest! O fato de afirmar a possibilidade de o cristão "perder a salvação" e de apontar o pecado daqueles que deixaram seus cônjuges para viver com outras pessoas foi encarado por eles como um "golpe duplo". Saí de lá compelido a escrever dois livros que tratassem dessas questões essenciais da fé e do comportamento cristão. Este é o primeiro deles.

"Uma vez salvo, salvo para sempre" é um clichê bastante conhecido nos círculos evangélicos, chegando a aparecer como título de panfletos e livros (neste inclusive, que é provavelmente o primeiro a acrescentar um ponto de interrogação).

Embora essa expressão banal não seja encontrada na Bíblia, ela é citada frequentemente como se estivesse lá. Seu uso é tão difundido que lhe conferiu status de provérbio (como "Devagar se vai ao longe"); se não for um minicredo, é considerada, pelo menos, uma "afirmação fiel e digna de toda aceitação".

O fato de uma afirmação não ser encontrada na Bíblia não significa necessariamente que ela não tenha base bíblica ou até que seja antibíblica. Poderia ser um conceito bíblico que não é expresso em termos bíblicos. Mesmo sendo uma afirmação de homens, poderia conter uma verdade divina. Precisamos indagar se ela representa um resumo fiel ou mesmo apropriado do que a Bíblia ensina sobre esse tema crucial. Precisamos consultar as passagens relevantes com uma mente aberta, livre de preconceitos. No entanto, trata-se de um assunto extremamente difícil por uma série de razões que têm a ver com nossa mente, nosso coração e nossa vontade.

Nossa *mente* foi profundamente impregnada do conceito da "segurança eterna". Está implícita na pregação de evangelistas e explícita no ensino de pastores, e ambas as mensagens não deixam dúvidas a respeito do nosso futuro. Não é de estranhar que se afirme amplamente que "salvo" significa "fora de perigo".

No entanto, a origem dessa presunção praticamente universal precisa ser examinada. Devo acrescentar duas observações com base em minha própria experiência (embora elas sejam apenas isso). Ao longo dos anos, tenho discutido esse tema com muitos cristãos, tendo feito duas descobertas surpreendentes.

Por um lado, a maioria dos que creem nessa afirmação, talvez todos eles, o fazem porque foram instruídos a fazê-lo. Não a descobriram por si mesmos, mas a ouviram de alguém. Foram, portanto, mais influenciados por uma interpretação específica de passagens selecionadas do que por seu próprio

PRÓLOGO

escrutínio da Bíblia. Em outras palavras, consultaram a Bíblia esperando encontrar a afirmação e, consequentemente, a encontraram. Perguntei a meus colegas pastores por que razão pregam sobre ela e nenhum deles respondeu "porque está na Bíblia". Todos, sem exceção, disseram: "Sigo a visão reformada (ou calvinista)", revelando que a principal influência em sua forma de pensar remete a séculos depois do nascimento do cristianismo.

Por outro lado, todos os que haviam estudado a Bíblia por conta própria chegaram à conclusão de que terão de "perseverar" para finalmente chegar ao céu. Isso costuma produzir no coração dos novos convertidos um temor de que talvez eles não sejam capazes de se manter fiéis ao seu compromisso. Eles são orientados de uma maneira que pode confundi-los ainda mais. Ou eles ouvirão que Deus certamente os guardará, porque uma vez declararam a sua fé nele, ou que Deus é poderoso para guardá-los se eles permanecerem tendo fé nele. Há um universo de diferença entre essas duas afirmações.

Para muitos, o conceito está tão profundamente arraigado em sua mente que os impossibilita sequer de considerar uma forma alternativa de pensar. Temo por aqueles que leem este livro somente com o intuito de tentar encontrar falhas nele. Mesmo que, ao final, eles concluam que estou errado, seria encorajador para mim se começassem cogitando a possiblidade de que eles pudessem estar errados. O preconceito pode ser fatal.

Nosso *coração* pode representar um problema ainda maior do que nossa mente. Trata-se de um tema extremamente emocional, capaz de despertar sentimentos profundos. Dificulta muito uma postura desprendida, fazendo com que um debate objetivo se torne uma defesa subjetiva.

Primeiro, há aqueles que se preocupam consigo mesmos. Sentem-se ameaçados até pelo debate. Na verdade, alguns até recusam-se a iniciar o diálogo para evitar que a dúvida os leve ao desespero. Sua "certeza" é frágil demais para ser desafiada. Se antes eles se sentiam seguros, hoje se sentem ameaçados pelo perigo. Se este livro cair nas mãos dessas pessoas, eu insistiria que o lessem por completo, particularmente o último capítulo. E, em amor, traria à sua memória a exortação bíblica: "Examinem-se para ver se vocês estão na fé" (2Co 13.5). O apóstolo Paulo não tinha medo de questionar a condição ou o posicionamento dos cristãos de Corinto.

Em segundo lugar, há os que se preocupam com os outros. É pouco provável que os que retrocedem e retornam à vida de pecado leiam este livro, embora realmente precisem fazê-lo. Seus familiares e amigos, contudo, talvez o façam e passem a temer o pior. A Igreja como um todo leva o fardo de ver centenas de milhares desertarem da fé que uma vez abraçaram, seja respondendo ao apelo durante uma cruzada evangelística ou participando de uma reunião normal da igreja. Se todos os "convertidos" permanecessem na igreja, o número de cristãos seria muito maior do que é. A pergunta "Onde estão essas pessoas agora?" já é suficientemente dolorosa sem que se pergunte "Onde eles estarão no futuro?".

Há muitos que acham emocionalmente insuportável imaginar que alguém que tenha andado pelo caminho estreito rumo à vida possa retornar ao caminho largo rumo à destruição.

Nossa *vontade* também entra em cena. A carne é inerentemente preguiçosa. A preguiça é um pecado mortal. Preferimos pensar no Reino dos céus como um estado de bem-estar social fundamentado em garantias e direitos. Uma sociedade que se baseia na gratificação instantânea responde a um evangelho da graça instantânea. É mais fácil pregar a redenção oferecida gratuitamente por Deus do que a sua exigência de retidão e justiça.

A ideia de que a salvação envolve qualquer esforço da nossa parte é desprezada desdenhosamente como uma tentativa disfarçada de reintroduzir as "obras". Confunde-se "trabalhar a nossa salvação" com "trabalhar para nossa salvação".

Há muito tempo, cheguei à conclusão de que as pessoas acreditam no que desejam acreditar, independentemente de qualquer prova que lhes seja apresentada. Isso parece particularmente verdadeiro nesse caso. Que visão será mais conveniente, mesmo para a natureza humana redimida: que a decisão de um momento ou a disciplina de uma vida determine o nosso destino eterno?

Portanto, nossa mente, nosso coração e nossa vontade podem nos impedir de participar, sem preconceitos (i.e., sem opinião preconcebida), dessa discussão, especialmente no que se refere ao texto bíblico.

Um importante princípio de interpretação da Bíblia, utilizado há muito tempo, é compreendê-la em seu sentido mais simples e evidente, a menos que haja uma indicação clara do contrário. É o que nos propomos a fazer, interpretando os textos no seu sentido literal, bem como no seu contexto. Também não rotularemos como "passagens-problema" os versículos que não se encaixarem em nossas descobertas, pois isso seria equivalente a uma admissão de seletividade.

Outros dois comentários precisam ser feitos antes de embarcarmos em nossa empreitada.

O substantivo "cristão" não estará em destaque. Trata-se de um apelido cunhado e usado no Novo Testamento por estrangeiros (At 11.26, 26.28; aparece também em 1Pe 4.16 sendo usado por incrédulos). Sua conotação moderna é a de alguém que, de alguma forma, "chegou" entre os salvos ou, pelo menos, "cruzou a linha". É uma palavra estática, desprovida de qualquer sentido de progresso contínuo. O título favorito para os crentes da Igreja primitiva (veja Atos) era "discípulo", que é muito mais dinâmico e implica alguém que continua seguindo o seu mestre e aprendendo dele. Transmite a ideia de estar "no caminho", em vez de ter "cruzado uma linha". É significativo que o primeiro título para a fé e para a conduta cristã seja "O Caminho" (mais uma vez, veja Atos).

A frase "uma vez salvo, salvo para sempre" é recorrente do início ao fim deste livro. Mas o que essa expressão quer dizer?

1. PRINCIPAIS VARIAÇÕES

Muitos leitores se surpreenderão com este capítulo. É possível que a simplicidade da afirmação "uma vez salvo, salvo para sempre" os induza a pensar que todos compreendem o seu significado. Para muitos, a questão também é simples: ou você acredita nela ou não acredita. Perder ou não perder a salvação – eis a questão.

Infelizmente, não é tão simples assim. O significado de "uma vez salvo, salvo para sempre" varia de uma pessoa para outra. Há, na realidade, uma gama de pontos de vista, e devemos ser justos com todas as perspectivas ou a crítica será repudiada como exagerada.

Duas perguntas básicas revelam a ampla variedade de interpretação.

A primeira é: "Quão grave é a presença do *pecado* na vida do crente?". Há toda uma diversidade de atitude que vai do menor ao maior peso. Para alguns, é algo meramente decepcionante. Para outros, é espiritualmente debilitante ou até prejudicial. Ninguém que defenda "salvo para sempre" consideraria o pecado como algo eternamente perigoso.

A segunda pergunta é: "Qual a importância da *santidade* na vida do crente?". Mais uma vez, a escala vai de opcional a obrigatória. A obrigatória varia de "é necessário" até "é essencial" ser santo, mas poucos descrevem a penalidade por não ser santo. Ninguém que defenda o "salvo para sempre" diria que a ausência de santidade implica perder o céu.

É obviamente impossível cobrir todo o espectro, mas é possível ter uma ideia dele descrevendo os dois extremos, visto que tudo que está entre eles é uma mistura dos dois, em proporções variadas. Em uma extremidade, o pecado e a santidade nos crentes são encarados com menos seriedade e na outra, com mais. Em uma extremidade, "salvo para sempre" é compreendido de uma maneira muito simples; na outra, de uma forma muito sutil. Vou identificá-las com a primeira e a última letra do alfabeto grego, Alfa e Ômega, por razões que logo ficarão evidentes.

A visão "Alfa"

Trata-se do entendimento simplista de "salvo para sempre". Seus proponentes creem que, tendo professado a fé em Cristo uma vez, a pessoa está fora de perigo, segura para a eternidade, independentemente do que aconteça depois. Em outras palavras, um único evento ou momento de fé durante toda uma vida é suficiente para garantir um lugar na glória.

Tudo o que se precisa fazer é *começar* a vida cristã. Agora você está "salvo". Tem passagem garantida para o céu. Tudo está determinado. Começar é, de certa forma, terminar. Somente o primeiro passo é absolutamente necessário. Basta começar do início. Por isso, o rótulo "Alfa" parece apropriado.

Esse conceito está implícito na pregação de muitos evangelistas, que devem ser responsabilizados por transmiti-lo, mesmo que o façam sem perceber. Talvez, inconscientemente, eles apresentem o evangelho como uma apólice de seguro para o mundo futuro, oferecendo uma rota de fuga do inferno em vez de uma libertação do pecado. Fazem isso enfatizando a morte e não a vida ("Se você morrer esta noite, irá para o céu ou para o inferno?"). Desse modo, muitas vezes, um lugar garantido no céu é oferecido à pessoa que faz a "oração do pecador", em trinta segundos, conduzida pelo evangelista, geralmente sem qualquer menção a atos de arrependimento para com Deus ou ao recebimento do Espírito Santo, muito menos ao batismo na água, num claro contraste com o evangelismo apostólico do Novo Testamento.[1]

Embora raramente se afirme, essa atitude deixa a impressão de que, independentemente de como a vida seja vivida, o status do convertido perante Deus não pode ser afetado.

---

[1] Para um exame mais detalhado da iniciação cristã, veja meu livro *The Normal Christian Birth* (1989).

Em suma, a entrada no céu exige perdão, mas não santidade. Em termos teológicos, a justificação é essencial, porém a santificação não é.

Não é de se estranhar que isso possa conduzir (como, de fato, o faça) à complacência moral e espiritual. Na pior das hipóteses, é possível alegrar-se na salvação enquanto deliberadamente se vive em pecado. Era esse o caso tanto no trem em Clapham como na conferência da Spring Harvest (veja o Prólogo). É emblemático o comentário de uma mãe americana relatado a mim: "Minha filha se prostitui e se droga, mas, louvado seja o Senhor, porque, quando tinha sete anos, ela se decidiu pelo Senhor, e eu espero vê-la na glória".

Essa é a visão "popular" do "salvo para sempre". Exige uma perspectiva demasiadamente branda tanto do pecado quanto da santidade para o crente. Também não consegue afetar gravemente o destino eterno, de uma ou de outra forma. O mais importante é conseguir o maior número possível de "salvos", o que significa fazê-los começar.

No entanto, essa não é, de forma alguma, a visão de todos os que abraçam a ideia do "salvo para sempre". Na verdade, muitos se ressentiriam da apresentação até este ponto, encarando-a como uma distorção completa, uma falácia a respeito do que acreditam. Seu desejo seria dissociar-se de tal atitude permissiva (talvez a chamassem de "antimoniana", que significa "desregrado", "sem lei").

Vamos avaliar, portanto, a outra extremidade do espectro.

A versão "Ômega"

Esse é o entendimento sutil de "salvo para sempre", mais sofisticado e muito menos permissivo. Tanto o pecado quanto a santidade na vida dos crentes são encarados com mais seriedade.

Há uma ênfase na necessidade de perseverança na vida cristã. A santidade é tão necessária quanto o perdão, e a santificação é tão essencial quanto a justificação. Os crentes jamais devem tornar-se complacentes ou satisfeitos, mas prosseguir adiante, rumo ao prêmio de seu sublime chamado. *Completar* a "corrida" é tão vital quanto começá-la, daí meu rótulo "Ômega" para esse ponto de vista.

Ele está implícito no ensino de muitos pastores, especialmente aqueles que descrevem a si mesmos como "reformados" na doutrina. Eles encorajam seus ouvintes à maturidade com uma constante exortação contra a estagnação ou, pior ainda, contra o retrocesso espiritual.

Sua ênfase na perseverança distingue-a da perspectiva Alfa, mais simplista. Na verdade, alguns de fato desaprovam o slogan "uma vez salvo, salvo para sempre" por não incluir ou sequer sugerir a necessidade de prosseguir. O conceito, portanto, é repudiado por inadequação e não por incorreção.

Não é exagero afirmar que os defensores dessa visão acreditam que somente aqueles que perseverarem serão finalmente salvos, e que os que não perseverarem estarão perdidos para sempre. Então, como podem ser classificados como adeptos da doutrina "uma vez salvo, salvo para sempre"? O que afirmam sobre perseverança parece ser uma contradição direta! Na verdade, eles conseguem acreditar em ambos, e é aí que está a sutileza. A tensão é resolvida de uma entre duas formas.

Uma forma é determinar a *penalidade* pelo retorno à vida de pecado [retrocesso]. Afirmam que o máximo que se perde está no campo da recompensa ou da bênção especial, neste mundo ou, principalmente, no porvir. Ou seja, há um "bônus" pela perseverança e esse bônus pode ser confiscado, embora a participação na glória celeste continue garantida.

Outra forma é negar a *possibilidade* de retrocesso, pelo menos de uma forma persistente. Isso equivale a crer que todos os que tiveram um verdadeiro novo nascimento "devem" perseverar, não no sentido de que seja conveniente que façam, mas de que inevitavelmente farão, e nada impedirá isso.

E não é só isso. Essa perseverança inevitável não é uma ação

PRINCIPAIS VARIAÇÕES

deles próprios, mas um "dom" de Deus que eles não podem recusar. Assim como Deus garantiu que iniciassem a vida cristã, ele se certificará de que a concluam. "A perseverança dos santos" é a forma como referem-se a esse dom e à crença nele. É um termo impróprio, pois se trata de uma ação divina e não humana. Recentemente, passou a ser mais corretamente descrita como "a preservação dos santos".

A dedução lógica de tudo isso é que todos aqueles que, na prática, deixam de perseverar jamais passaram, de fato, pelo novo nascimento. Talvez tenham professado a fé e, por ela fortalecidos, tenham até se unido à Igreja, mas eram apenas "cristãos" nominais e, portanto, não é de estranhar que não persistam em sua peregrinação.

Isso também tem alguma influência na garantia da salvação. Como alguém pode saber se está entre os santos que perseverarão a menos que, ou até que, realmente perseverem? Essa linha de raciocínio leva a algumas complicações bastante reais!

Devemos retornar ao nosso ponto central. Os dois extremos do espectro de "uma vez salvo, salvo para sempre" são claramente muito distintos, especialmente na forma como encaram aqueles que retrocedem. Na visão Alfa, eles são salvos; na Ômega, eles nunca foram salvos de fato.

As duas visões podem ser caricaturadas e usadas indevidamente, sendo uma delas inclinada à autorização permissiva e a outra, ao legalismo proibitivo (que não se distingue dos saduceus e fariseus do tempo de Jesus). No entanto, nenhumas das visões deve ser julgada por esses motivos.

O aspecto comum a ambas e, na verdade, a todo o espectro de "salvo para sempre" pode ser expresso de uma forma clara: UMA VEZ INICIADA, DE FATO, A VIDA CRISTÃ INEVITAVELMENTE ALCANÇARÁ O FINAL. Assim que Alfa é estabelecida, Ômega está garantida. O que começou na terra será absoluta e seguramente concluído no céu.

Se basta começar somente ou se também é preciso terminar é meramente uma diferença de ênfase à luz desse acordo básico entre todos os que endossam a ideia "uma vez salvo, salvo para sempre". Na prática, não faz diferença alguma para o resultado final. A regeneração deve inevitavelmente redundar em glorificação, independentemente do que acontece entre o início e o fim.

É tentador chamá-la de salvação "escada rolante". Quando se entra nela, só é possível subir ou descer degraus, mas nunca abandoná-la. Cedo ou tarde, é certo que se chegará ao topo.

O Novo Testamento, contudo, fala de uma "corrida" e não de um passeio ou, alternativamente, de "andar" ao longo do Caminho. É possível que corredores e andarilhos não consigam terminá-la ou até que se desviem completamente da trilha ou da estrada. Mas estamos nos antecipando, tirando conclusões precipitadas. Basta dizer que a Bíblia é clara o bastante ao afirmar que somos *nós* que temos de realizar a corrida ou a caminhada.

Mais uma tarefa precisa ser cumprida antes de recorrermos à Bíblia. Precisamos analisar algumas das pressuposições sobre o texto bíblico, que reforçam tanto o que procuramos quanto o que encontramos.

2. PRESSUPOSTOS EVANGÉLICOS

Nenhum aspecto da fé cristã pode ser avaliado isoladamente. Doutrinas diferentes tendem a se interconectar, cada uma delas afetando várias outras e por elas sendo afetada.

"Uma vez salvo, salvo para sempre" não é uma exceção. Costuma fazer parte de uma rede de conceitos. Na verdade, está associada a dois agrupamentos, um específico e um genérico.

O "sistema" *específico* de teologia com o qual "salvo para sempre" costuma estar relacionado é conhecido como calvinismo, assim chamado por causa de João Calvino, reformador protestante que vivia em Genebra. Falaremos sobre isso mais adiante, quando traçarmos o desenvolvimento histórico da ideia.

O contexto *genérico*, que tratamos agora, é o "evangelicalismo", que inclui o calvinismo, mas vai muito além. É o entendimento partilhado do evangelho que provê uma base para o trabalho evangelístico unido, seja em grande ou pequena escala.

Essas convicções comuns incluem a concordância a respeito de "fundamentos" como: salvação, fé, perdão, vida eterna e o reino de Deus. Presume-se de forma geral, porém não universal, que "salvo para sempre" se encaixa confortavelmente nessa embalagem.

O que precisamos perceber é que isso acontece somente quando esses conceitos básicos são interpretados de determinada maneira. Desde que a interpretação seja fiel à Bíblia como um todo e não apenas "provada" por referências isoladas, citadas principalmente fora de contexto, não se pode levantar objeção nenhuma. Mas se for possível demonstrar que esses outros tópicos têm sido gravemente mal interpretados, a ideia de "salvo para sempre" também será questionada.

É precisamente isso que será demonstrado neste capítulo. As noções comuns a respeito do evangelho podem ser equivocadas e enganosas. Começamos com a mais fundamental de todas: o que significa "salvação"?

UMA VEZ SALVO, SALVO PARA SEMPRE?

Salvação

A palavra-chave na afirmação "uma vez salvo, salvo para sempre" é, obviamente, "salvo". Seu uso popular revela graves deficiências quando comparado ao seu uso no Novo Testamento.

É invariavelmente usada, no passado, como uma referência a algo já feito e consumado. Considere os seguintes comentários comuns:

— Fui salvo em uma cruzada de Billy Graham, anos atrás.

— Sete pessoas foram salvas no culto do último domingo.

— Você é salvo, irmão?

Há mais uma implicação. Não se trata apenas de uma salvação já realizada. Ela aconteceu de forma muito rápida, em um período de tempo muito curto, quase instantaneamente. Segundo alguns, ela pode ser datada: ano, mês, semana, dia e até minutos. Muitos crentes "nascidos de novo" são incapazes de especificar a data exata da sua conversão, o momento quando foram "salvos", e isso é encarado como uma desvantagem, especialmente quando estão dando o seu testemunho.

Tudo isso não se encaixa à luz da Bíblia, pois os quatro passos básicos de iniciação (arrependimento para com Deus, fé em Jesus, batismo na água e recebimento do Espírito) podem ocorrer num espaço de horas, dias, semanas, meses e até anos.

A pergunta mais importante é se a "iniciação", assim que concluída, equivale à "salvação". Todos os iniciados são considerados "salvos"? A resposta é surpreendente.

O ensino apostólico usa o verbo "salvar" em três tempos: passado, presente e futuro. Aparentemente, fomos salvos, estamos sendo salvos e seremos salvos! Ao contrário do que pensamos, a ênfase não está no presente ou passado, mas no futuro (veja, por exemplo, Mt 24.13; Rm 5.10; 1Co 5.5; 1Tm 4.16; Rm 9.28).

O que podemos concluir? Que a salvação é um processo que leva tempo, e não um acontecimento instantâneo. O evangelho fala sobre "o Caminho" da salvação, pelo qual precisamos trilhar para chegar ao nosso destino.

PRESSUPOSTOS EVANGÉLICOS

Em outras palavras, a salvação ainda não está completa em nenhum de nós. A descrição mais apropriada da nossa condição atual é que estamos "sendo salvos". Como orou o catador de algodão: "Senhor, não sou o que deveria *ser* nem sou o que *serei*; mas louvado seja o Senhor, não sou o que *era*".

"Salvação" é sinônimo de "salvamento", um termo usado com frequência durante a Segunda Guerra Mundial e substituído agora por "reciclagem". Significa recuperar o lixo (papel, metal, vidro etc.) que seria lançado no aterro e reprocessá-lo até que possa novamente ser usado para o seu propósito original.

É precisamente isso que o Senhor está fazendo em nós. Diversas vezes Jesus usou a referência a *Geena* (o vale de Hinom, que servia como depósito de lixo em Jerusalém) como uma imagem do inferno, onde Deus "lançaria" (não "enviaria") os que "perecessem" e não mais lhe servissem para coisa alguma.[2]

A salvação, portanto, abrange dois aspectos. O aspecto negativo é que precisamos ser salvos *dos* nossos pecados e de suas consequências, tanto subjetivas quanto objetivas. O aspecto positivo é que precisamos ser totalmente restaurados *à* imagem original de Deus, segundo a qual fomos criados, expressa com perfeição no caráter de Cristo. E ele é capaz de salvar alguém da decadência para a excelência.

O processo pode ser descrito teologicamente em três fases, novamente passado, presente e futuro. Na "justificação", somos libertos da punição do pecado. Na "santificação", somos libertos do poder do pecado. Na "glorificação", somos libertos da contaminação [ou presença] do pecado.

Essa renovação contínua estará completa algum dia? Nesse caso, quando será? Sim, quando Jesus retornar ao planeta Terra. "Mas sabemos que, quando ele se manifestar, seremos semelhantes a ele, pois o veremos como ele é". (1João 3.2). Então, finalmente, seremos realmente "salvos" – completa e permanentemente!

Podemos ver agora como é grave cair no hábito de usar

---

[2] Veja meu livro *The Road to Hell* (1992).

"salvo" somente no passado. Acima de tudo, seu uso como um sinônimo para a conversão dá aos convertidos a ideia de que eles não precisam de mais nada, que tudo foi concluído antes mesmo de ter começado, que estão prontos para o céu, bem como livres do inferno. Não surpreende, portanto, que muitos tenham optado por retroceder em vez de avançar.

A expressão "uma vez salvo" presente na afirmação que estamos discutindo também é altamente questionável, pois implica de forma ainda mais enfática que a salvação foi completada e não apenas iniciada. Na verdade, a frase "uma vez salvo" somente será totalmente apropriada no retorno de Cristo. Então, e somente então, o complemento "salvo para sempre" estará igualmente correto.

Obviamente, esse entendimento mais profundo da salvação como uma transformação contínua não aborda a questão básica que ainda nos confronta: o processo, uma vez iniciado, continuará inevitavelmente até que esteja completo? Esse processo pode ser interrompido? Assemelha-se mais a uma máquina que produz um produto terminado ou a um casamento que exige esforço e compromisso de ambas as partes (ou de uma das partes, independentemente da outra) para que se mantenha em pé?

Essas perguntas devem ser analisadas à luz de outros textos bíblicos. Enquanto isso, vale observar que o nosso conceito de salvação tem uma relação direta com a forma como entendemos a afirmação "uma vez salvo, salvo para sempre". E o mesmo acontece com o nosso conceito de fé.

Fé

As preposições [bem como as locuções adverbiais] são muito importantes no texto bíblico. Somos salvos *pela* graça *por meio* da fé. Não somos salvos por nossa fé, mas pela graça de Deus. No entanto, por nós mesmos nos apropriamos dessa graça depositando nossa fé no Senhor Jesus Cristo. É nesse sentido que o Novo Testamento afirma que somos "justificados" (i.e., absolvidos, inocentados aos olhos do juiz) "pela fé". Desde o tempo de Abraão, Deus aceita a fé em lugar das boas obras e a credita em nosso favor como "justiça" (Gn 15.6, Rm 4.5).

Mas o que é "fé"? Pensar na mente ou sentir no coração apenas? Surpreendentemente, ela está mais relacionada à vontade: fé é algo que você *faz*. Um capítulo conhecido da carta aos Hebreus (11) elenca os grandes homens de fé do Antigo Testamento. Todos eles demonstraram sua fé por meio de uma ação. Noé construiu uma arca, Abraão deixou definitivamente sua casa. Josué marchou ao redor das muralhas de Jericó, onde Raabe havia escondido os espias israelitas. Todos esses homens e mulheres confiaram em Deus e, portanto, fizeram o que foram instruídos a fazer. Fé é isso: confiar e obedecer. Não se trata de algo apenas para ser professado em palavras, mas sim praticado em ações.

Infelizmente, ensina-se a profissão da fé em vez da prática da fé; credos em lugar de atos. Tal "fé" pode ser declarada, porém não pode ser demonstrada. "Eu lhe mostrarei a minha fé pelas obras", disse o apóstolo Tiago (2.18).

Quando a profissão de fé substitui a prática, estamos a um passo de restringir a fé salvadora à "oração do pecador". "Basta dizer a Jesus que você crê nele como o seu Salvador pessoal". Alguns dos defensores mais extremos da doutrina "salvo para sempre" afirmam que um minuto de "fé" durante toda uma vida garante a redenção eterna. Embora seja verdadeiro para os que estão à beira da morte (como o ladrão na cruz, ao lado de Jesus), isso não se aplica a quem está vivo. Os que estão morrendo não podem continuar a praticar a fé, mas os vivos podem e devem fazê-lo.

Assim como a salvação, a fé no contexto do Novo Testamento é um processo ininterrupto. É uma atitude contínua que se expressa em ação. Essa é especificamente a situação em que a fé é depositada em uma pessoa. De certa forma, é contraditório crer em alguém por apenas um momento. Se você realmente crê nessa pessoa, continuará confiando nela (e lhe obedecendo), não importa o que aconteça.

UMA VEZ SALVO, SALVO PARA SEMPRE?

Essa necessidade de que a fé seja contínua é apresentada na Bíblia de duas formas: com um substantivo e um verbo.

O substantivo "fé" é exatamente o mesmo da palavra "fidelidade", tanto no hebraico como no grego. Ser cheio de fé significa ser fiel. Esse sentido duplo é crucial nos dois Testamentos.

O substantivo é raro no Antigo Testamento, na realidade, ele aparece apenas três vezes. Uma delas se refere aos cônjuges que têm fé no outro e, consequentemente, permanecem fiéis. É usado em referência a Arão e Hur, quando sustentaram os braços de Moisés em oração durante todo o dia; essa oração de "fé" (fidelidade) garantiu a vitória na batalha.

O exemplo supremo é Habacuque 2.4, citado por três autores do Novo Testamento, que se tornou o versículo preferido de Martinho Lutero: "O justo viverá pela sua fidelidade". O profeta se inquietara com a revelação de que Deus traria os terríveis babilônios para punir o povo de Jerusalém por seus pecados. Conhecendo a tática de "terra arrasada" dos tiranos, que deixava inabitado e inabitável todo território invadido, Habacuque queixou-se de que seria imoral e injusto que Deus nada fizesse enquanto os justos eram massacrados pelos ímpios, os inocentes juntamente com os culpados. A resposta de Deus serve para tranquilizá-lo de que "o justo viverá pela sua fidelidade". Podemos parafrasear essa palavra reconfortante da seguinte forma: "Aqueles que estão vivendo retamente sobreviverão o juízo futuro guardando a fé" (i.e., permanecendo fiéis em todo o tempo).

Essa interpretação de que "pela fé" significa fidelidade persistente é precisamente o sentido encontrado no Novo Testamento. Em sua carta aos Romanos, Paulo enfatiza que o evangelho revela uma justiça divina que está disponível aos seres humanos "de fé em fé" (Rm 1.17, ARA). Algumas traduções tornam essa frase muito clara:

"do princípio ao fim é pela fé" (Nova Versão Internacional)
"é por meio da fé, do começo ao fim" (Nova Tradução na Linguagem de Hoje)

"nasce e completa-se através da fé" (O Livro)
"que se obtém pela fé e conduz à fé" (Versão Católica)

Paulo cita Habacuque 2.4 como confirmação bíblica.
A mesma ênfase é encontrada em Hebreus 10.38: "Mas o meu justo viverá pela fé. E, se retroceder [um termo náutico que significa baixar as velas de um navio], não me agradarei dele". Mais uma vez, a observação de continuar a qualquer custo (um tema presente em toda a carta) é extraída das palavras do profeta.

No Novo Testamento, às vezes, é bem difícil saber se a palavra grega *pistis* deve ser traduzida por fé ou fidelidade, especialmente quando é listada ao mesmo tempo como dom e fruto do Espírito (1Co 2.19 e Gl 5.22). No entanto, o substantivo certamente não ocorre com a mesma frequência do verbo, principalmente nos textos do apóstolo João.

O *verbo* é mais dinâmico que o substantivo, indicando uma atividade mais do que um atributo.

Ainda mais interessante é a escolha do tempo verbal, tendo em vista as peculiaridades do original na língua grega antiga. Algumas vezes, "crer" está no tempo verbal aoristo, que costuma indicar determinada ação em um momento específico. Em muitos versículos cruciais, contudo, "crer" está no tempo presente. Isto será visto com frequência neste livro, portanto oferecemos aqui uma explicação completa.

Muitas vezes, o tempo presente do grego é chamado de "presente contínuo", pois se refere a algo que está em andamento agora, como parte de uma atividade contínua. Transferir essa nuance do grego para a língua portuguesa exige a colocação dos verbos auxiliares "é" ou "está" em associação às terminações do gerúndio "-ando, -endo, -indo" ou, ainda, o verbo "continuar" associado a outro verbo com as mesmas terminações acima. Portanto, em grego, "ele respira" significaria "ele está respirando" ou "ele continua respirando" ou até "ele continua a respirar".

Em português, o tempo presente pode perder completamente

essa noção de continuidade. "Ele ri" não oferece qualquer indicação real de que se refere a uma gargalhada ou ao riso nervoso, difícil de conter.

Na língua grega, um imperativo no presente com uma negativa é uma ordem para se deixar de fazer algo, interromper o que se faz. Na língua portuguesa, a ordem nos lábios de Jesus: "Não me detenhas" (Jo 20.17, ARA) foi interpretada equivocadamente por muitos como se o seu corpo não fosse tangível.

Vamos aplicar essas percepções a alguns dos versículos favoritos do Evangelho de João. No final de seu livro, ele revela a razão de sua seleção entre os muitos milagres feitos por Jesus, que é bem diferente dos outros três evangelhos "sinópticos": Mateus, Marcos e Lucas. "Estes foram escritos para que vocês creiam [isto é, "continuem crendo" ou "continuem a crer"] que Jesus é o Cristo, o Filho de Deus e, crendo [isto é, "continuando a crer"], tenham [isto é, "continuem tendo"] vida em seu nome" (20.31).

Isso significa, entre outras coisas, que o Evangelho de João destinava-se a crentes e não a incrédulos, e seu intuito era que as pessoas continuassem crendo e não que começassem a crer. É, portanto, bastante inadequado que seja usado como material evangelístico, algo perceptível a qualquer pessoa que leia o prólogo do evangelho com atenção (1.1-18). Por que, então, continuamos a apresentar esse evangelho aos incrédulos? Provavelmente porque esperamos que eles resistam até o capítulo 3, onde poderão ler sobre o "novo nascimento" (frase e conceito jamais usados no evangelismo apostólico!) e principalmente 3.16, "a síntese do evangelho".

No entanto, mesmo esse tão conhecido texto tem um sabor bastante diferente quando retraduzido para transmitir novamente aqueles tempos verbais do presente. "Porque Deus tanto amou o mundo que deu o seu Filho Unigênito, para que todo o que nele crer [esteja crendo agora, continue a crer] não pereça, mas tenha [esteja tendo agora, continue a ter] a vida eterna". Na maioria das vezes, a palavra "crer" é compreendida como "crer uma única vez" e o verbo "tenha" como "ter de uma vez por todas". Quando João diz que todo o que nele crê tem vida, afirma algo semelhante a "todo aquele que respira tem vida", cujo significado todos compreenderão como "todo aquele que continuar a respirar continuará a viver".

A fé, portanto, não se resume a um único passo, mas muitos, muitos passos, uma caminhada. Na verdade, a jornada de uma vida. O que nos leva seguros para a glória não é a fé com a qual começamos, mas a que temos quando terminamos a jornada. Retornando a Hebreus por um momento, a fé desses heróis tinha a qualidade vital da persistência: "Todos estes morreram sem receber o que tinha sido prometido" (11.13; um de meus textos favoritos).

A importância disto para a ideia "uma vez salvo, salvo para sempre" deveria ser óbvia. A salvação pode sobreviver o "naufrágio" da fé? Posso continuar "sendo salvo" se não continuar a crer? Se o justo e o justificado vivem pela fé, o que acontece se a fé morrer?

Devemos deixar de lado essas perguntas por um momento e passar para outro tópico sobre o qual há um suposto acordo, mas que pode tornar-se outra excessiva simplificação: o perdão.

Perdão

Há alguns anos, representantes de todas as principais religiões do mundo se reuniram na Índia para discutir as várias perspectivas da fé. Cada um deveria dizer uma palavra que expressasse um benefício oferecido por sua religião que não pudesse ser encontrado nas demais. O cristão disse simplesmente: "Perdão". Houve silêncio entre os ouvintes. Ninguém mais poderia fazer essa afirmação!

O perdão de pecados é uma das mais sublimes maravilhas. A única pessoa em posição de dispensá-lo é o próprio Deus. A afirmação de Jesus de que ele era capaz de perdoar foi considerada a maior das blasfêmias (Mc 2.7), e de fato teria sido se ele não fosse Deus.

O perdão não é barato nem fácil, embora o preço e a tensão sejam geralmente enfrentados pelo perdoador e não pelo perdoado. Isso é extremamente verdadeiro em Jesus. Todo ato de perdão divino é escrito em seu sangue. Não nos custa nada porque custou-lhe tudo.

O perdão, portanto, é um dom gratuito. Isso não significa, contudo, que não exista nada que devamos fazer para obtê-lo. No mínimo, precisamos pedir por ele e recebê-lo.

Infelizmente, há outros equívocos, dois bem grandes, inclusive: que o perdão é ilimitado e que o perdão é incondicional. Essas afirmações tendem a baratear o que custou tão alto preço.

Os limites do perdão têm sido negligenciados de três maneiras.

Em primeiro lugar, *o perdão resolve a punição de pecados, mas não suas consequências.* Infelizmente, os pecadores costumam preocupar-se mais com as consequências. Caim e Esaú são exemplos clássicos (Gn 4.14; Hb 12.17). Para ilustrar a diferença, veja o caso de um jovem que rouba um carro, envolve-se em um acidente e, como resultado, perde os movimentos de sua mão direita. Isso é consequência. Ele é preso pela polícia e o tribunal o condena a um período de encarceramento pelo crime. Isso é punição. A punição pelo pecado é a alienação de Deus. As consequências podem ser anos desperdiçados, saúde abalada, casamentos arruinados, fortunas perdidas e muitas outras coisas que nem sempre podem ser restauradas. O filho pródigo retornou à casa e ao amor de seu pai, mas não recuperou seu dinheiro. Mesmo depois de ter os pecados perdoados, muitos efeitos podem persistir e suas implicações devem ser enfrentadas. A conversão não liberta ninguém de casamentos indevidos ou empréstimos altos. Não é bom dizer ao gerente da construtora que todas as suas dívidas foram pagas no Calvário! Somente suas dívidas com Deus foram quitadas ali. Na verdade, o perdão o capacita a enfrentar as consequências do passado de uma maneira diferente, agora com a ajuda de Deus. Dívidas podem ser pagas; relacionamentos podem ser restaurados. É isso que significa restituição: endireitar o que é possível ser endireitado, enquanto se entristece pelo que não pode restaurar.

Um excelente exemplo desse limite foi a conversão de muitos nazistas criminosos de guerra julgados em Nuremberg pelas atrocidades cometidas na Segunda Guerra Mundial. Por meio do ministério de um capelão do exército americano, Henry Gerecke, eles encontraram perdão e reconciliação com Deus por meio de Cristo, mas ainda tiveram de aceitar a consequência da execução por enforcamento.

Segundo, *o perdão trata de pecados passados, não de pecados futuros*. Esse é um equívoco muito comum – acreditar que, depois de nos encontrarmos com Cristo, nenhum pecado jamais virá a manchar a nossa ficha. No entanto, só podem ser perdoados os pecados já cometidos. É por isso que os crentes são exortados a fazer da confissão de pecados um hábito regular (1Jo 1.9). Precisamos resolver nossas pendências com Deus. Se o pecado não for tratado prontamente, pode ter um efeito prejudicial em nossos relacionamentos espirituais.

Isso significa que o pecado nos crentes é tão grave quanto o pecado nos incrédulos. Na verdade, é ainda mais grave, pois não há desculpa para ele. O terceiro limite sobre o perdão vem confirmar essa afirmação.

Terceiro, *o perdão trata dos pecados perdoáveis, porém não dos pecados imperdoáveis*. Muitos crentes estão cientes do "pecado imperdoável", mas suas consciências culpadas geralmente os leva a pensar que o cometeram a despeito de sua especificidade conforme a definição bíblica (em Mateus 12, é chamar a obra do Espírito Santo de obra do diabo). Não há indicação de que este pecado seja encontrado somente entre os incrédulos. É mais provável que aconteça entre aqueles que creem no diabo! A generalização abrangente de que "todo falar em línguas é do diabo" se aproxima de forma perigosa.

Entretanto, é um grande erro presumir que exista apenas um pecado "imperdoável" ou, no máximo, alguns poucos.

Sob determinadas circunstâncias, qualquer pecado pode tornar-se imperdoável, especialmente entre os crentes nascidos de novo. Para entender como isso acontece, devemos retornar a Levítico, onde há uma variedade de sacrifícios para pecados "não intencionais", mas nenhum para pecados "voluntários". Há expiação para falhas acidentais, mas não para a desobediência voluntária e deliberada. Embora a carta aos Hebreus, no Novo Testamento, afirme serem obsoletos o antigo sistema sacrificial e a aliança na qual está firmado, a distinção entre pecado acidental e deliberado é mantida (Hebreus 10.26-31, que será explicado em mais detalhe no capítulo 3). Não há expiação, nem mesmo pela cruz de Cristo, para a persistência deliberada em uma conduta pecaminosa após o esclarecimento. Isso leva à especulação do que Jesus teria dito à mulher pega em adultério caso ela tivesse ignorado sua determinação: "Vá e abandone sua vida de pecado" (Jo 8.11).

Vemos nessas três maneiras, portanto, que o perdão tem limites claros, com implicações sobre a afirmação "uma vez salvo, salvo para sempre". Mas isso não é tudo. Há uma noção igualmente difundida de que o perdão é incondicional, e não há nada que tenhamos de fazer, exceto pedir.

Infelizmente, muitos não conseguem distinguir entre o merecimento e o recebimento do perdão. Não há nada que possamos fazer para merecer ou alcançar mérito e assim contribuir com nossa "dignidade" de sermos perdoados.

No entanto, trata-se de um equívoco fundamental pensar que não existem condições necessárias. A Bíblia ensina claramente que alguns são desqualificados até para pedir perdão e outros, para liberá-lo. Veremos essas duas restrições, uma antes e outra depois de ser perdoado.

Primeiro, *para que alguém seja perdoado, é necessário que se arrependa.* Esta é uma condição vital de quem recebe o perdão. O arrependimento envolve muito mais do que sentimentos de compunção e remorso. Ele nasce de uma mudança de mentalidade a respeito do ocorrido e expressa-se em confissão e correção do passado sempre que isso for possível (restituição, reconciliação etc.).

Isso também se aplica aos relacionamentos humanos. Devemos estar prontos a perdoar um irmão "sete vezes no dia", mas poucos observam a condição vital: "se ele se arrepender" (Lc 17.3-4).

É por isso que, não apenas com o próprio Jesus, mas também com os apóstolos, a pregação do evangelho no Novo Testamento começa sempre com um chamado ao arrependimento, antes do convite para crer (Mc 1.15; Lc 24.47; At 3.19; 26.20). O perdão não está associado à fé em Jesus, mas ao arrependimento para com Deus, contrariamente ao que é anunciado em grande parte das ações evangelísticas contemporâneas.

Segundo, *depois de ser perdoado, é necessário perdoar*. Em uma de suas parábolas mais devastadoras, Jesus ensinou que o perdão pode ser perdido ou cancelado! O nome da parábola costuma ser "O servo mau" (Mt 18.21-35). O rei que reinstituiu ao seu súdito a dívida e a sentença de prisão quando soube que ele havia se recusado a exercitar a mesma leniência com um conservo por uma dívida muito menor é uma imagem do próprio Deus. "Assim também lhes fará meu Pai celestial, se cada um de vocês não perdoar de coração a seu irmão" (observe que palavras, se não forem sinceras, não são suficientes). Isso explica a súplica por perdão na oração diária dos discípulos: "Perdoa-nos os nossos pecados, pois também perdoamos a todos os que nos devem" (Lc 11.4) e a bem-aventurança: "Bem-aventurados os misericordiosos, pois obterão misericórdia" (Mt 5.7).

Isso não significa que perdoar o pecado de outra pessoa é ganhar ou merecer o perdão dos próprios pecados. É simplesmente uma lei espiritual que determina que aqueles que não estão dispostos a demonstrar misericórdia a outros são incapazes eles próprios de recebê-la. Assim como acontece com a eletricidade, o perdão não fluirá completamente na vida de uma pessoa se ela não liberá-lo para outras pessoas também.

UMA VEZ SALVO, SALVO PARA SEMPRE?

Há outras limitações e condições associadas ao perdão, mas o suficiente já foi falado para demonstrar que ele não é necessariamente completo ou permanente, como muitos presumem. Isso faz com que seja muito mais extraordinário quando o perdão é recebido e liberado. O perdão torna a vida eterna possível.

Vida eterna

Debate-se muito entre os estudiosos se o adjetivo "eterna" refere-se à qualidade ou à quantidade de vida. A Bíblia, aparentemente, faz referência aos dois aspectos. A vida eterna é tanto "perpétua" quanto "abundante". Por razões óbvias, os que defendem o "salvo para sempre" tendem a enfatizar o primeiro, especialmente quando citam versículos que implicam que o crente já tem a vida eterna. Se esse for o caso, como seria possível que ela chegasse a um fim? Como algo que é "eterno" pode morrer?

Na realidade, há uma considerável confusão na Igreja a respeito de como ou quando um ser humano se torna "imortal". Todos concordam que somente Deus é absolutamente imortal (1Tm 1.17; 6.16). Ele sempre existiu e sempre existirá. O debate se concentra no ponto em que podemos partilhar com ele desse atributo.

Alguns creem que os humanos são imortais pela *criação*. Feitos à imagem de Deus, eles partilham de sua imortalidade. Isso, às vezes, é usado de forma equivocada para fundamentar a crença de que o inferno é um tormento eterno, pois "almas" não podem ser aniquiladas.[3]

Essa visão se apoia mais no pensamento grego do que no hebraico e sofreu forte influência da perspectiva neoplatônica introduzida na teologia cristã por Agostinho, no século 5º. Os gregos acreditavam que os seres humanos eram almas imortais presas em corpos mortais, libertas pela morte, porém com perda de identidade.

---

[3] Veja meu livro *The Road to Hell* (1992).

PRESSUPOSTOS EVANGÉLICOS

No jardim do Éden, Adão, obviamente, não era inerentemente imortal, pois precisava se alimentar da árvore da vida para garantir sua sobrevivência indefinida e ficou sujeito à morte quando foi separado dela. Sendo assim, ele era potencialmente imortal, porém não o era de fato. Poderia ter vivido para sempre se não tivesse escolhido desobedecer a Deus.

Outros creem que os seres humanos se tornarão imortais pela *ressurreição*. Trata-se de um fato futuro e não de uma faceta do passado. A Bíblia sustenta essa posição, reservando a palavra para esse momento em que os espíritos mortais receberão um corpo imortal (1Co 15.53-54). Essa perspectiva futura foi "trazida à luz por meio do evangelho" (2Tm 1.10). A própria ressurreição de Cristo com um corpo glorioso além da morte e da decadência é a prova dessa possibilidade. A propósito, o fato de que tanto os maus quanto os justos "ressuscitarão" é a própria base bíblica para o tormento eterno no inferno (veja Dn 12.2; Jo 5.29; At 24.15).

É possível que a maioria dos crentes acredite que os seres humanos já sejam imortais pela *regeneração*. Eles "nasceram de novo" e receberam uma nova natureza que partilha da imortalidade divina. Não se trata de uma propriedade do passado tampouco de uma perspectiva do futuro, mas de uma posse presente de todos os crentes. A imortalidade foi concedida no "novo nascimento", para jamais ser perdida.

Podemos perceber que essa visão é mais próxima da noção grega de uma alma imortal do que da esperança hebraica de ressurreição do corpo. Pois o corpo ainda é muito imortal, destinado a terminar em pó ou cinzas. Portanto, se a imortalidade é transferida ao crente na conversão, a partir de agora ela é apenas um atributo de seu espírito.

Mas esta é a verdadeira pergunta: a vida eterna é, de fato, transferida no presente? O sentido da frase "tem a vida eterna", invariavelmente, é compreendido como se fosse possível possuí-la independentemente de sua fonte, como propriedade agora inalienável do crente, e que dele não pode ser tirada. É "algo" que ele próprio agora tem.

UMA VEZ SALVO, SALVO PARA SEMPRE?

Não é assim que o Novo Testamento fala da vida eterna. Ela é uma condição [estado] e não uma posse. Não nos é transferida, mas partilhada conosco. Não a temos em nós mesmos, somente a encontramos em Cristo. João afirma isso com abundante clareza. Já observamos que ele escreveu em seu evangelho que os leitores podem continuar crendo no Filho de Deus e, desse modo, continuar a ter a vida eterna (20.30). Ele afirma de forma bastante específica em sua epístola que "Essa vida está em seu Filho. Quem tem [está tendo, continua a ter] o Filho, tem a vida; quem não tem [não está tendo] o Filho de Deus, não tem [não continua a ter] a vida" (1Jo 5.11-12).

É claro que os textos citados até agora não consideram se, uma vez tendo o Filho, é possível perdê-lo e, consequentemente, perder sua "vida". Mas quando declara ser a videira verdadeira, Jesus torna absolutamente claro que essa é uma possibilidade real. Depois de exortar os discípulos a "permanecer" (residir, habitar, continuar, ficar) nele, Jesus os admoestou sobre o que aconteceria a qualquer um que não o fizesse. Eles não produziriam frutos, seriam cortados, murchariam, seriam lançados ao fogo e queimados. A vida não está nos ramos, ela flui da videira. Somente se os ramos se mantiverem ligados a ela é que podem sobreviver (Jo 15.1-6). Esse é o ponto em que a analogia com a natureza se expande. Os ramos naturais são cortados da videira por circunstâncias acidentais que estão fora de seu controle. Os "ramos" humanos têm a livre escolha de permanecer na videira verdadeira ou se separar dela. "Permaneçam", portanto, está no modo imperativo, significando "decidam ficar" – uma ordem que perde todo o sentido se não houver alternativa.

Desse modo, "ter" a vida eterna revela uma ambiguidade. O crente já a tem (em Cristo) e ainda não a tem (em si mesmo). Ele pode, portanto, perdê-la se não permanecer em Cristo. Um dia, no entanto, ele a terá em si mesmo, quando "revestir-se de imortalidade". Então, e somente então, ela se tornará permanentemente sua.

Essa mesma ambiguidade, quase um paradoxo, é vista no último dos pressupostos evangélicos considerados aqui: o reino de Deus.

Reino de Deus

Um debate ainda maior entre os acadêmicos é se o reino de Deus, reconhecido amplamente como o principal tema no ensino de Jesus, é uma realidade presente ou futura.

Há uma vasta gama de opiniões, que vão desde a visão "dispensacionalista", segundo a qual o reino é futuro e amplamente judaico, até a "liberal", que afirma que o reino é um programa social e político para o mundo gentílico de hoje. Entre esses extremos estão muitas outras interpretações que enfatizam aspectos interiores e individuais ou exteriores e coletivos.

O consenso geral parece ter se firmado em um modo "tanto isso/quanto aquilo" em vez de "ou isso/ou aquilo". O reino é tanto presente quanto futuro, tanto individual quanto coletivo. É tanto aqui e agora, quanto lá e então. Já chegou e ainda não chegou. A síntese mais comum é descrita desta forma: o reino foi inaugurado, porém ainda não foi "consumado".

Essa abordagem parece mais fiel ao ensinamento de Jesus, particularmente em suas parábolas sobre o reino. Um terço delas retrata o reino como um processo presente e gradual, produzido pela infiltração humana (e.g. fermento em uma mistura de massa). Outro terço descreve o reino como uma crise futura repentina, produzida pela intervenção divina (e.g. uma rede de pesca). A última terça parte mescla as duas percepções (e.g. o trigo e o joio). Esse equilíbrio notável nem sempre é alcançado pelos que ensinam a Bíblia nos dias de hoje.

Houve um desvio, especialmente entre os líderes de novas comunidades, da ênfase futura encontrada nas suas origens para o que se tornou conhecido como o ensino do "reino agora". Para muitos, o existencialismo substituiu a escatologia. Essa tendência incorporou-se em muitos pensamentos em vigor. No entanto, há alguns sinais de que uma reação tenha se iniciado, esperamos que seja rumo a uma posição mais equilibrada.

É vital entender pelo que estamos orando quando dizemos "Venha o teu reino [...] na terra, assim como nos céus". Em especial, precisamos de uma ideia clara de quanto do reino podemos buscar e esperar ver agora e quanto devemos aguardar e esperar para ver quando o Rei retornar.

A pergunta crucial relacionada à afirmação "uma vez salvo, salvo para sempre" é esta: todos os que agora fazem parte do reino inaugurado podem estar seguros de que estarão no reino consumado?

Vale a pena estudar os verbos usados para descrever o envolvimento individual do crente nas duas fases do estabelecimento do reino. A palavra mais comum para a fase presente, do reino "inaugurado", é "entrar" no reino, enquanto a palavra mais usada para a fase futura, do reino "consumado", é "herdar" (Jo 3.5; Mt 25.34). Podemos então reformular a pergunta: todos aqueles que agora entraram no reino o herdarão depois? A resposta está em muitas das admoestações aos crentes encontradas nas cartas do Novo Testamento. Eles são solenemente advertidos que se persistirem em seu antigo modo de vida – as "obras da carne" – ou a ele retornarem, "não herdarão o reino de Deus" (Gl 5.21 é um exemplo).

Portanto, nossa "herança" não é automática, tampouco inevitável. O debate talvez esfrie um pouco se, em vez de discutir se podemos perder nossa salvação, nos concentrarmos na possibilidade de perder nossa herança. A herança e a perseverança estão tão relacionadas que sustentam uma à outra ou desmoronam juntas?

É hora de concluir este capítulo. Descobrimos que a salvação é um processo contínuo, incompleto até que Jesus retorne – o que coloca um ponto de interrogação na frase "uma vez salvo, salvo para sempre?". Fé e fidelidade são conceitos tão próximos em sentido que podem ser expressos pela mesma palavra, significando confiança contínua e obediência. O

PRESSUPOSTOS EVANGÉLICOS

perdão não é ilimitado, tampouco incondicional, como talvez tenhamos imaginado. A vida eterna está em Jesus e não em nós, pelo menos no tempo presente; e somente podemos tê-la se permanecermos nele. Aqueles que entraram no reino hoje talvez não o herdem mais tarde, quando ele for estabelecido universalmente.

Nenhuma dessas revisões resolve a questão de "uma vez salvo, salvo para sempre", embora elas apontem para uma direção semelhante quando vistas em conjunto. O que fica claro é que nosso entendimento de outras doutrinas pode desempenhar um papel significativo na abordagem da questão da segurança dos santos. Pressuposições podem determinar o resultado de uma discussão antes mesmo que ela aconteça. No entanto, sua influência é indireta. No fim, as afirmações diretas da Bíblia devem desempenhar o papel decisivo. Chegou a hora de falarmos sobre elas.

3 FUNDAMENTAÇÃO BÍBLICA

A expressão "uma vez salvo, salvo para sempre" costuma ser usada como se fosse uma citação bíblica, mas não é. No entanto, mesmo não sendo uma afirmação bíblica, ela é fiel ao ensino bíblico?

Já dissemos que a primeira metade do slogan ("uma vez salvo") é extremamente questionável à luz da ênfase do Novo Testamento no processo da salvação, que é passado, presente e futuro, até o retorno de Cristo, quando será completado.

Neste capítulo nos concentraremos na segunda parte ("salvo para sempre"). Seria impossível englobar em um único capítulo todo o ensino bíblico a respeito de uma doutrina a menos que fossem definidos limites rígidos para a investigação. Faremos isso nos restringindo à simples pergunta: quais são as evidências de que os indivíduos entre o povo redimido de Deus podem perder seu lugar nos propósitos de Deus? Há alertas claros de que isso poderia acontecer e exemplos óbvios de que isso tenha acontecido?

Pesquisaremos brevemente o Antigo Testamento, mas, por motivos óbvios, nos concentraremos no Novo Testamento.

Antigo Testamento

Todos os que pertenciam ao povo escolhido de Deus desfrutaram do cumprimento das promessas divinas? A resposta é claramente negativa.

Para começar, embora Deus tivesse firmado uma aliança com Abraão e seus descendentes, muitos deles não desfrutaram de seus benefícios. Mesmo nas primeiras gerações, não era o filho mais velho que herdava as promessas. Ismael foi o primogênito de Abraão, assim como Esaú foi o primogênito de Isaque. No segundo caso, fica evidente que ele perdeu sua herança futura em nome da satisfação imediata.

UMA VEZ SALVO, SALVO PARA SEMPRE?

Séculos depois, quando os hebreus foram redimidos da escravidão no Egito, houve algumas reduções dramáticas de número. Quando receberam os Dez Mandamentos no monte Sinai (no quinto dia – Pentecoste – após deixarem o Egito), eles já os estavam infringindo, entregues à idolatria e à imoralidade. Como resultado, muitos pereceram (espantosamente, três mil! Êx 32.28).

Mas o pior ainda estava por vir. Sua falta de fé no Deus que havia afugentado os egípcios, manifestada quando se depararam com os ocupantes da Terra Prometida, levou toda uma geração à catastrófica ruína. Dos 600 mil homens (sem mencionar as mulheres e as crianças) que haviam deixado o Egito, somente dois (Josué e Calebe) sobreviveram para entrar na Terra Prometida. Até mesmo o próprio Moisés morreu com eles, graças à sua irada impaciência. Milhares deixaram de "entrar no descanso de Deus", conforme Canaã é descrita. Eles haviam sido redimidos pelo sangue de um cordeiro (na realidade, um carneiro), "batizados" no mar Vermelho (ou mar de juncos, mais provavelmente, próximo aos Grandes Lagos), recebendo água e alimento em pleno deserto, conduzidos pelo Senhor durante todo o tempo – e mesmo assim não conseguiram entrar, mas seus filhos, sim.

E depois de se instalarem na terra que Deus lhes dera, muitos morreram por sua desobediência, pois Deus usava os povos vizinhos (principalmente os filisteus) para discipliná-los.

Desde Sansão até Saul, há casos de indivíduos que, mesmo tendo conhecido a presença e o poder da unção do Espírito Santo, perderam ambos logo em seguida. Até mesmo toda uma tribo entre as doze (Dã) foi totalmente extinta e substituída com a divisão de outra.

Havia uma causa para todos esses desastres: *o pecado*. Individual ou coletiva, a desobediência deliberada aos mandamentos divinos conhecidos levou à perda de muitos entre o povo de Deus. Aliás, devemos nos lembrar de que o elaborado sistema sacrificial foi designado para pecados "não intencionais" e não oferecia provisão para pecados "voluntários" (i.e., deliberados, persistentes), para os quais a punição costumava ser a morte.

Israel precisou de mil anos, de Abraão a Davi, para apropriar-se de tudo o que Deus lhes havia prometido. De um só indivíduo, eles haviam se tornado uma família, uma tribo, uma nação e um império.

Foi necessário apenas metade desse tempo, aproximadamente 500 anos, para que perdessem tudo. A podridão instalou-se em um único dia, quando o rei de Israel, que deveria estar liderando seu exército na batalha, cobiçou uma vizinha que estava nua e desobedeceu a cinco dos dez mandamentos para possuí-la. Sua própria família foi a primeira a sofrer as consequências, mas após a extravagância de seu filho e a insensatez de seu neto, toda a nação envolveu-se em uma guerra civil, enfraquecida por uma profunda divisão que nunca foi sanada.

Ao longo dos anos de declínio, muitos profetas os advertiram que não presumissem ser o povo escolhido e eleito de Deus, que não confiassem na circuncisão, no templo, nos sacrifícios, na própria cidade de Jerusalém e em sua redenção histórica, como se isso fosse uma garantia de segurança contra seus inimigos.

Os profetas os relembraram que tão certo como Deus fora seu Criador no passado, e era seu Rei no presente, ele também seria seu Juiz no futuro. Além disso, seu povo escolhido, receptores de sua revelação e de sua redenção, está ainda *mais* sujeito a experimentar seu juízo, que é sempre exercido de acordo com o esclarecimento recebido.

Não há dúvida de que uma das razões para o persistente desprezo da mensagem profética por parte do povo fosse sua convicção equivocada: "uma vez povo de Deus, povo de Deus para sempre". Eles simplesmente não percebiam que seria necessário ser um povo santo e justo para que continuassem a desfrutar da graça e do favor de Deus.

Inevitavelmente, o fim chegou. As dez tribos do Norte foram "perdidas" para a Assíria e, posteriormente, as duas tribos do Sul foram deportadas para a Babilônia. O "exílio" durou setenta anos (por cinco séculos, a terra não havia desfrutado de seu descanso a cada sétimo ano; 2Cr 36.21). Duas gerações inteiras pereceram antes de terem a oportunidade de retorno, oferecida por Ciro, o soberano da Pérsia.

Mesmo então, somente uma pequena porção, aproximadamente 50 mil, mostrou-se disposta a enfrentar a dificuldade e os perigos de voltar e reconstruir o templo de Deus, a cidade de Jerusalém e a terra de Israel. Até certo ponto, esses objetivos foram alcançados, mas a nação jamais recuperaria sua autonomia política e a soberania de um reino próprio. Síria, Egito, Grécia e Roma foram, sucessivamente, seus dominadores ao longo de quatro séculos durante os quais Deus não lhes enviou uma mensagem sequer, tampouco realizou um único milagre.

Assim é a trágica história do povo de Deus no Antigo Testamento. Centenas de milhares de pessoas que pertenciam a esse grupo perderam-se no caminho. Por um breve interlúdio apenas, elas aparentemente herdaram as promessas, que logo foram novamente perdidas.

Ainda não apresentei qualquer referência de "provas textuais", pois elas raramente são necessárias. Apesar de sua brevidade, este resumo provavelmente encontraria concordância universal. Obviamente, muito mais poderia ser dito, mas os fatos básicos são incontestáveis se o registro bíblico for aceito.

No entanto, muitos descartariam tudo isso como sendo totalmente irrelevante à discussão da afirmação "uma vez salvo, salvo para sempre"! Eles enfatizariam a descontinuidade entre a "velha" e a "nova" aliança, por meio da explicação a seguir. A velha aliança baseava-se no nascimento físico, e não espiritual. A promessa era vida longa na terra e não vida eterna no céu. O Espírito era concedido somente a poucos indivíduos e geralmente de forma intermitente, não a todas as pessoas permanentemente.

Admite-se claramente que muitos perderam a "salvação sob a velha aliança", mas a "salvação sob a nova aliança" é bem diferente, especialmente pelo fato de que não se pode perdê-la. Entende-se que será preservado até o final todo indivíduo que for incorporado à Igreja (geralmente descrita como "o novo Israel", embora todas as 74 referências a Israel no Novo Testamento designem o povo judeu).

Ironicamente, essa ênfase na descontinuidade entre a velha e a nova aliança na discussão da afirmação "uma vez salvo, salvo para sempre" é dada pelo mesmo tipo de acadêmicos cuja "teologia da aliança" baseia-se na continuidade entre elas! Um dos exemplos é o uso da circuncisão para justificar o batismo de bebês. Na realidade, eles praticamente fundiram a velha e a nova em uma única "aliança da graça". No entanto, se opõem à ideia de que assim como muitos abandonaram essa aliança no período antes de Cristo, o mesmo possa acontecer depois de Cristo.

Sua justificativa para essa diferenciação se baseia na doutrina da regeneração. Aqueles que deixaram a velha aliança simplesmente não eram regenerados; não haviam experimentado o "novo nascimento" (de forma coerente, o mesmo princípio é aplicado à nova aliança, como veremos mais adiante).

A categoria da "regeneração", entretanto, não é um critério apropriado para ser usado. Tentar reinseri-la nas situações do Antigo Testamento é um anacronismo, fora de lugar porque está fora do tempo. Há somente traços desse conceito nas previsões a respeito da nova aliança. Não há um único versículo que afirme que alguém tenha se desviado porque não era regenerado. Eles caíram porque foram infiéis à aliança, deixando de confiar no Deus que os havia redimido e de render-lhe obediência. É, portanto, irrelevante afirmar que eles caíram porque ainda não haviam sido "uma vez salvos", no contexto da nova aliança.

Pelo critério do próprio Antigo Testamento, eles de fato perderam sua "salvação". Aqueles que uma vez tiveram fé, dela se afastaram. Aqueles que uma vez tiveram o Espírito, o perderam (naquele tempo, o Espírito não era visto como uma "pessoa"). Os que haviam começado não terminaram. Os que fizeram parte do êxodo do Egito não participaram da entrada em Canaã. Muitos dos que posteriormente foram exilados jamais retornaram.

Há um aspecto da velha aliança que tem real relevância: o Livro da Vida de Deus. Trata-se da lista do próprio Deus com os nomes daqueles a quem ele redimiu e que, um dia, partilharão de sua glória. Muitos versículos do Antigo Testamento deixam claramente implícito que os nomes já incluídos na lista podem ser "excluídos" (literalmente, "riscados", o método de apagar a escrita naqueles dias). A razão para que seus nomes sejam apagados é sempre o pecado do povo de Deus (Êx 32.33). Ter o nome riscado no céu pode resultar em ser riscado na terra também (Nm 5.23; Dt 29.20). Davi orou para que os inimigos que estavam entre seu próprio povo fossem "tirados do livro da vida" (Sl 69.28; 109.1). Quando seus próprios pecados foram expostos, ele temeu o mesmo destino e implorou que esses pecados fossem riscados do registro celestial (Sl 51.1,9). É este o milagre do perdão: Deus apaga nossos pecados dos registros celestiais (Is 43.25). E esta é a escolha apresentada diante do povo redimido de Deus: seus pecados devem ser apagados ou seus nomes serão riscados.

É provável que os leitores saibam que esse Livro da Vida também é encontrado no Novo Testamento (Fp 4.3), bem como a possibilidade de que sejam riscados os nomes que ali estão (Ap 3.5). Esse é apenas um exemplo dos muitos aspectos do Antigo Testamento que estão presentes no Novo e aplicam-se diretamente à situação dos crentes. Na verdade, a maioria dos eventos que usamos nesse resumo da trágica história de Israel repete-se como alerta de um destino semelhante à espera dos crentes infiéis.

Três autores diferentes usaram o fracasso de entrar em Canaã como um exemplo que pode se repetir (1Co 10.1-11; Hb 4.1-11; Jd 5). Esaú é um modelo da perda de uma herança (Hb 12.16). Muitos dos alertas proféticos são retomados nas epístolas.

Mais surpreendente ainda, as punições pela infidelidade à nova aliança serão ainda mais severas (Hb 2.2; 10.28-31). O juízo, longe de terminar para a família [ou casa] de Deus, na realidade começará com ela (1Pe 4.17). Amós reconheceria essa mensagem (Am 3.2).

Tampouco devemos cometer o erro de pensar que a nova aliança desfrutada pela Igreja tenha invalidado a aliança de Deus com Israel (um equívoco muito comum conhecido como "teologia da substituição"). A nova aliança foi designada para as casas de Israel e Judá (Jr 31.31). Sob ela, os pecados de Israel podem ser cancelados (At 3.19).

Sempre houve um "remanescente" fiel em Israel e sempre haverá. Como povo, eles podem ter rejeitado a Deus, mas ele nunca os rejeitou. Um dia, "todo o Israel será salvo" (Rm 11.26; a frase significa "Israel como um todo" ou pelo menos um ajuntamento representativo de todas as suas partes; cf. 1Cr 11.1). Então, os crentes em Jesus, judeus e gentios, se tornarão um só rebanho sob um só pastor (Jo 10.16). A nova Jerusalém terá os nomes das doze tribos de Israel e dos doze apóstolos da Igreja (Ap 21.12-14).

Depois dessa excursão à futura união dos dois povos escolhidos de Deus, devemos retornar ao nosso tema básico e indagar se o precedente do abandono da velha aliança como consequência da infidelidade é observado também sob a nova aliança.

As referências ao Antigo Testamento encontradas no Novo Testamento mencionadas acima certamente apontam nessa direção, mas não são suficientes em si mesmas para estabelecer o princípio. Também precisamos da confirmação clara e específica e é isso que devemos buscar agora.

Novo Testamento

É importante começar dizendo que nenhuma doutrina cristã está distribuída de maneira uniforme por todo o Novo Testamento. Até mesmo os pontos fundamentais precisam ser sintetizados a partir de referências dispersas, algumas mencionadas quase como apartes, inerentes a outras questões mais urgentes (os livros do Novo Testamento, em sua maioria, foram escritos por razões muito práticas).

Além disso, a ideia "uma vez salvo, salvo para sempre" não seria um tema importante nos emocionantes primeiros dias da Igreja. Não é costume discutir o divórcio na lua de mel! Deve-se esperar mais esclarecimentos sobre esse tema não nos primeiros textos, mas nos que vieram posteriormente, quando a segunda geração de crentes estava enfrentando mais pressões, tanto internas quanto externas, em relação à sua fé. É isso precisamente que descobrimos, particularmente em Hebreus e Apocalipse.

Vamos, no entanto, examinar todas as diferentes linhas dos escritos apostólicos que compõem o nosso Novo Testamento, usando a ordem no presente cânon, exceto quando o mesmo autor for responsável por mais de um texto (por exemplo, o evangelho e as cartas de João serão vistos em conjunto, assim como as cartas de Paulo). Diferentemente da seção que cobriu o Antigo Testamento, nos concentraremos em afirmações específicas e não no panorama geral. Desse modo, as referências figurarão com destaque. Sempre que for considerado relevante o propósito para o qual todo o livro foi escrito, isso também será incluído.

i) Mateus – Dois equívocos a respeito desse evangelho precisam ser corrigidos antes que nos atentemos aos seus detalhes.

Em primeiro lugar, embora tenha algumas características judaicas, o livro não foi escrito exclusivamente para judeus. Por exemplo, a preferência pelo termo "reino dos céus" é uma tentativa de evitar o uso da palavra "Deus" e o risco de proferir seu nome em vão. A inclusão da genealogia de Jesus até Abraão e a alegação frequente de que as profecias foram cumpridas em Jesus (tornando Mateus o livro ideal para dar início à sequência do Antigo Testamento) atrairia os leitores judeus. Há, contudo, uma grande quantidade de comentários críticos a respeito dos judeus, e a conclusão do livro tem uma ordem para fazer discípulos de "todas as nações", ou seja, entre os gentios.

FUNDAMENTAÇÃO BÍBLICA

Segundo, ele não foi escrito para incrédulos, muito embora seja um "evangelho". Distingue-se dos outros evangelhos por sua singular coleção de afirmações de Jesus em cinco "blocos" de ensino, o primeiro deles mais conhecido como o Sermão do Monte. Esses blocos são dirigidos exclusivamente aos "filhos do reino", aqueles que já são "discípulos" e logo seriam "apóstolos". É possível que o público não tenha prestado atenção a esses ensinos, pois foram pregados ao ar livre, mas seu conteúdo é inteiramente dirigido aos seguidores comprometidos de Jesus, que creram nele e, consequentemente, "nasceram de Deus".

Mateus, portanto, pode ser considerado como um manual para o discipulado de novos convertidos, introduzindo-os a aspectos vitais do reino do qual eles agora faziam parte: seu estilo de vida (capítulos 5–7), sua missão (10), sua expansão (13); sua comunidade (18) e seu futuro (24–25). Visto que, nos primeiros dias, os discípulos, em sua maioria, eram judeus, não surpreende que o evangelho seja particularmente adequado a eles, porém deve-se enfatizar que o livro se destinava a crentes judeus e não incrédulos.

Caso alguém indague por que Mateus apresenta essas instruções para o discipulado em formato de "evangelho", a resposta é que se trata de algo teologicamente correto e frequentemente necessário. A ética cristã está enraizada na teologia cristã. O viver cristão é a resposta de gratidão para a graça da salvação. Podemos extrair de lá apenas o que Deus inseriu ali. Quantas vezes o Sermão do Monte foi usado fora de seu contexto e tratado como a soma total do cristianismo, uma versão autoajuda, do tipo faça-você-mesmo, que dispensa a redenção divina. Essa é uma das muitas distorções da nossa fé.

Essas observações introdutórias podem não parecer relevantes para a afirmação "uma vez salvo, salvo para sempre", mas tornam-se significativas diante de três descobertas. A primeira delas é que praticamente tudo que sabemos a respeito do inferno veio da boca do próprio Jesus. A segunda, que praticamente todo o ensino de Jesus sobre o inferno é encontrado no evangelho de Mateus. E a terceira, que todas as suas admoestações, com exceção de duas, foram dirigidas a seus próprios discípulos/apóstolos. A primeira vez que destaquei esses fatos inesperados (em meu livro *The Road do Hell*), recebi cartas de leitores horrorizados, pois tinham certeza de que eu estava errado – até que constataram por si próprios na Bíblia! A maioria dos pregadores usa esses textos fora de seu contexto e os anuncia aos pecadores. Significativamente, as duas exceções à regra nos ensinamentos de Jesus foram dirigidas aos fariseus, e não a "pecadores".

O Sermão do Monte, dirigido àqueles que são insultados, perseguidos e caluniados por causa de seu relacionamento com Cristo, contém a maioria das referências ao terrível risco de ir para o inferno. Quando os apóstolos são enviados em sua missão, eles são instruídos: "Não tenham medo dos que matam o corpo, mas não podem matar a alma. Antes, tenham medo daquele que pode destruir tanto a alma como o corpo no inferno" (Mt 10.28; "aquele" deve ser Deus, não o diabo, pois o próprio diabo é lançado ao inferno antes do Dia do Juízo; Ap 20.10). Observe que Jesus não lhes disse para despertar em outros o temor do inferno, mas para ter em si mesmos esse temor).

Por si só, a aplicação da possibilidade de inferno aos apóstolos seria suficiente para nos indicar a opinião de Mateus sobre "uma vez salvo, salvo para sempre". Mas há muito mais. Ele lembra a menção de Jesus a um pecado que "não será perdoado nem nesta era nem na era que há de vir" (12.32). Esse pecado é definido como "falar contra o Espírito Santo", especialmente atribuir ao próprio diabo a obra que o Espírito faz em benefício da humanidade carente. Embora no contexto da passagem, os fariseus sejam acusados dessa blasfêmia, não há motivo para que os discípulos não cometam o mesmo pecado, e talvez essa seja a razão pela qual Mateus a tenha incluído.

No capítulo 2 deste livro falamos sobre a parábola do servo mau (18.1-35). Sua mensagem é que até mesmo o perdão não pode ser visto como algo garantido. Ele pode ser removido ou cancelado se a misericórdia recebida não for passada adiante.

Outra parábola, a das Bodas do Filho do Rei, em que um dos convidados não estava vestido de forma apropriada (22.1-14), destaca um ponto importante: não basta aceitar o convite para o banquete do rei. Os convidados precisam usar as vestes apropriadas. O fato de que esse homem tivera oportunidades suficientes para fazê-lo prova-se por seu silêncio quando confrontado com sua negligência. Seu destino foi ter as mãos e os pés amarrados (para que não escapasse), ser lançado nas trevas, onde expressaria seu remorso com choro e ranger de dentes (linguagem relativa ao inferno, sem dúvida!). Embora seja dirigido aos fariseus e escribas, Mateus certamente inclui essa parábola como se tivesse uma mensagem aos discípulos. O aceite ao convite do evangelho deve ser seguido por uma mudança de estilo de vida para que ocorra a admissão final ao banquete das bodas. Em termos teológicos, deve-se acrescentar santificação à justificação. E em termos ainda mais teológicos, a justiça deve ser transferida além de imputada (veja o capítulo 5).

O discurso final (24–25) é ainda mais claro. Ao expor os "sinais" que anunciarão a sua vinda (desastres no mundo, declínio da Igreja, ditadura no templo e trevas no céu), Jesus alerta seus discípulos repetidas vezes a respeito da terrível possibilidade de engano a cada estágio. Viriam pressões que poderiam levá-los a desviar ou desistir, "mas aquele que perseverar até o fim será salvo" (24.13, também encontrado em Marcos 13 e Lucas 21). Alguns tentaram atribuir à palavra "salvo" um sentido menor, como, por exemplo, ser resgatado das pressões, mas essa não é uma promessa de Jesus. Não há no texto ou no contexto razão pela qual a palavra "salvo" não deva ser compreendida em seu sentido completo e definitivo.

As parábolas que vêm a seguir não poderiam ser mais claras. Partilhadas em uma reunião particular de discípulos, elas retratam o servo sábio e fiel cuidando dos bens de seu senhor (24.45-51), dez noivas que aguardam seu noivo (25.1-13) e três servos aos quais foi confiado dinheiro (25.14-30) – todos eles representando os discípulos de Jesus. Em cada caso, há demora "de muito tempo" no retorno do senhor/noivo, o que se mostra muito mais um teste de fidelidade do que uma expectativa de um reaparecimento antecipado. Quando ele de fato retorna, descobre que alguns falharam com ele, principalmente por negligência, vale observar, deixando de fazer o que deveria ser feito. O único caso de iniquidade [ou injustiça] positiva ocorre com "aquele servo", o mesmo homem que antes havia sido "fiel e sensato" (parece suficiente para aqueles que tentam afirmar que o fiel era "regenerado" e o infiel "não regenerado").

Todos pertenciam ao senhor/noivo e aguardavam seu retorno. Mas é no destino daqueles que foram infiéis em sua ausência que culmina cada história. O servo que afrontou seus subordinados é "punido severamente" (embora claramente não morra em decorrência disso) e recebe lugar com os hipócritas" (Lucas diz "com incrédulos"), "onde haverá choro e ranger de dentes", a forma como Jesus costumava descrever o inferno. As cinco noivas despreparadas para uma longa espera foram trancadas do lado de fora, na escuridão da meia-noite. O homem "mau e negligente" que enterrou seu talento em vez de usá-lo para benefício de alguém, especialmente seu senhor, a quem ele ressentidamente considerava "severo" por esperar que ele gerasse algum resultado lucrativo, também é lançado nas trevas onde, com "choro e ranger de dentes" (o inferno mais uma vez), pode meditar sobre as oportunidades que perdeu.

É possível, portanto, que os discípulos de Jesus sejam achados infiéis quando ele retornar e acabem no inferno! É preocupante que Judas Iscariotes fizesse parte do seleto grupo que ouviu essas histórias. Para ele, o alerta nelas implícito foi desperdiçado e seu fim foi no vale de Hinom, ou *Geena*, que Jesus usou como o retrato do inferno (veja o Apêndice II para saber mais sobre essa trágica figura).

Retornando ao Sermão do Monte por um instante, lembramos que Jesus concluiu seu discurso falando sobre

FUNDAMENTAÇÃO BÍBLICA

duas árvores, duas estradas e duas casas. Ao apresentar a seus próprios discípulos essas alternativas, ele estava visivelmente ciente de que ambas eram possibilidades reais para eles e que escolhas erradas poderiam conduzir à destruição. As mesmas rotas alternativas reaparecem em algumas das epístolas, porém sob as categorias de "carne" e "espírito". Os crentes podem viver, andar ou semear em uma ou outra dimensão.

Não há muita dúvida do que Mateus pensaria da afirmação "uma vez salvo, salvo para sempre". Ele diria que ela contraria tudo o que ele lembrava e registrava dos ensinamentos de seu mestre.

ii) Marcos – Esse é um dos evangelhos escritos para incrédulos. Exceto por um extenso discurso (capítulo 13), o livro concentra-se mais nos atos do que nas palavras de Jesus. Praticamente um registro da pregação de Pedro, o livro apresenta os fatos básicos do ministério público, da morte e ressurreição de Jesus em um estilo vivaz, semelhante ao do jornalismo.

Destinadas às primeiras instruções na fé, não surpreende que sejam insuficientes as referências que sustentem a abordagem "uma vez salvo, salvo para sempre". Duas passagens, contudo, são relevantes.

O capítulo 4 contém a conhecida parábola do semeador. Assemelha-se mais a uma alegoria (que apresenta vários pontos) do que a uma analogia (que apresenta somente um ponto). Ela descreve as várias reações quando a mensagem do reino, aqui retratada como uma semente, é lançada a uma plateia típica, com uma variedade previsível de respostas. Essa "semente" tem vida em si mesma, germinando e crescendo naqueles que a recebem alegremente. Em dois dos quatro casos, contudo, essa vida não sobrevive por muito tempo. Uma delas seca por causa da superficialidade, e não consegue lidar com a oposição. A outra é sufocada por preocupações e interesses mundanos. Em ambas, a vida do reino tem início e logo cessa. Significativamente, Jesus descreve isso como "abandono". O teor da parábola é que, apesar dessas perdas, semear ainda é um empreendimento rentável, visto que o solo bom produz um retorno desproporcionalmente maior em comparação com a quantidade de sementes perdidas.

O capítulo 13, o único "sermão" extenso registrado em Marcos, já foi chamado de "pequeno apocalipse". Assim como o livro de Apocalipse, ele descreve os eventos futuros e as pressões que sobrevirão aos discípulos de Jesus. A perseguição será interna, oficial e universal. O conteúdo indica duas crises em particular: a destruição de Jerusalém em 70 d.C. e a Grande Tribulação no final da era. A semelhança entre os dois eventos, um prefigurando o outro, os entrelaça no discurso, e nem sempre é fácil desembaraçá-los. Não há, contudo, ambiguidade na afirmação de que "aquele que perseverar até o fim será salvo". Tanto Mateus quanto Lucas parecem ter baseado seu registro em Marcos, portanto as observações já feitas a respeito do primeiro também se aplicam aqui. Não há razão inerente pela qual "salvo" deva ser compreendido de qualquer outra forma que não como uma referência à redenção final do pecado. Se seu significado fosse a salvação do sofrimento não haveria necessidade de perseverar firme até o fim!

Embora Marcos tenha pouco a dizer sobre "uma vez salvo, salvo para sempre", essas pistas o distanciam dessa suposição.

iii) Lucas/Atos – Esse é outro evangelho escrito para incrédulos, na realidade, para um incrédulo em especial, o tal "excelentíssimo Teófilo". Esse título, além de seu conteúdo, sugere fortemente que os dois volumes serviram de contestação jurídica para os julgamentos de Paulo perante as autoridades romanas. Apontam nessa direção a ênfase na falsa acusação dos judeus e a compaixão de todos os soldados e governadores romanos com as declarações triplas de inocência nos julgamentos tanto de Jesus quanto de Paulo, além de muitas outras características.

É muito pouco provável que tais documentos incluam uma discussão do conceito "uma vez salvo, salvo para sempre"! Mesmo assim, um relato que seja ao mesmo tempo preciso e

FUNDAMENTAÇÃO BÍBLICA

abrangente, especialmente no que se refere aos ensinamentos de Jesus, certamente conteria algum material relevante. É precisamente isso que encontramos.

A parábola do semeador (no capítulo 8) narrada por Lucas é ainda mais clara em suas implicações do que a narrada no evangelho de Marcos. A figura da semente que cai à beira do caminho e é levada pelas aves do céu representa a ação do diabo (o príncipe do poder do ar; Ef 2.2), que rouba rapidamente a palavra dos ouvintes, "para que não creiam e não sejam salvos" (versículo 12). A semente no solo pedregoso representa aqueles que "creem durante algum tempo" (versículo 13) e são, portanto, os que presumimos estarem temporariamente salvos. O solo bom é "um coração bom e generoso, que ouve a palavra, a retém e dá fruto, com perseverança" (versículo 15). O verbo para "reter" (*katecho*) é usado em outro texto do Novo Testamento no sentido de agarrar-se, segurar firmemente; assim como o termo "perseverança" (*hupomone*) é traduzido em outro texto por paciência, resistência. Tudo isso é muito relevante para o nosso tema.

É singular no evangelho de Lucas o dito sobre colocar a mão no arado e não olhar para trás (não fala de retroceder, mas, simplesmente, de olhar para trás, como fez a mulher de Ló), o que torna uma pessoa inapta para servir no reino de Deus (9.62). No mínimo, é um alerta contra não concluir o que foi iniciado.

Em seguida, há o risco de deixar uma casa vazia após a expulsão de um demônio, pois ela pode tornar-se novamente a habitação do espírito maligno original e de outros sete "piores do que ele". Obviamente, a situação é de exorcismo sem salvação, mas Lucas a conclui com uma observação feita por Jesus: "Antes, felizes são aqueles que ouvem a palavra de Deus e lhe obedecem [a palavra aqui, na realidade é "guardam"] (11.24-28).

Um discurso sobre servos que estão preparados para o retorno de seu senhor (12.35-48) expande a versão de Mateus. Pedro indaga se esse ensino tem como alvo apenas os discípulos ou serve para todos em geral (versículo 41), pergunta essa que não é respondida diretamente. O que Jesus diz é que o "mordomo fiel e prudente" – certamente representando alguém muito especial para o senhor – é *a mesma* pessoa que abusa de seus companheiros quando o retorno do mestre demora mais que o esperado. Seu castigo será executado em proporção direta ao seu conhecimento da vontade do senhor – muitos ou poucos açoites. No entanto, em qualquer dos casos, ele "lhe dará a sua parte com os infiéis" (versículo 46) o que por certo significa que ele era um "crente" que agora perdeu o seu lugar na casa do senhor.

Mateus descreve os discípulos como "sal da terra" (Mt 5.13), o que é muitas vezes interpretado por pregadores como algo que serve para conservar ou dar sabor. Lucas nos revela o pensamento de Jesus. O sal podia ser usado no campo como fertilizante, contribuindo para o crescimento de uma boa colheita, ou no "monturo" (a fossa) como um desinfetante para impedir a propagação de coisas ruins (14.34-35). O sal, contudo, pode perder o seu sabor, tornando-se inútil para qualquer um desses propósitos, e então ser "lançado fora" como lixo (o mesmo verbo que Jesus sempre usou a respeito de pessoas enviadas ao inferno; cf 12.5). Como isso pode acontecer, uma vez que o cloreto de sódio (NaCl) não pode mudar suas propriedades? Acontece quando ele é adulterado e consequentemente diluído com outras substâncias, fazendo com que perca seu elemento ácido. De modo semelhante, os discípulos podem tornar-se mundanos a ponto de perder sua natureza característica. Mateus é ainda mais claro do que Lucas ao afirmar que não há esperança de que esse sal recupere sua salinidade.

Voltando-nos para Atos, o segundo volume de autoria de Lucas, encontramos pouca ou nenhuma contribuição ao nosso estudo. Trata-se, em grande parte, de uma narrativa, mas a maioria dos discursos registrados ali é dirigida a incrédulos, reduzindo assim a probabilidade de que abordem a questão "uma vez salvo, salvo para sempre". Há, no entanto, dois aspectos nos quais encontramos o necessário pano de fundo para nosso estudo posterior das epístolas, muitas das quais foram escritas para igrejas fundadas durante a jornada missionária registrada em Atos.

Um deles é a repetida exortação dirigida aos convertidos, instando-os a "permanecer na fé" (e.g. 11.21-23; 13.43; 14.21-22). Atos registra que tais apelos eram feitos com frequência, porém não nos informa as razões para isso. Somente as epístolas informam os riscos de não ser fiel.

O outro aspecto é a predominante controvérsia sobre a necessidade de circuncisão para os gentios que desejassem seguir o Messias judeu (ou o Cristo, como ele é chamado em grego). O debate foi inflamado, resolvido apenas por um conselho de apóstolos, anciãos e membros da igreja de Jerusalém (capítulo 15). O que estava em jogo no que alguns podem considerar uma mera questão cultural? Atos não nos revela, mas sabemos que, para Paulo, esse ato de cortar a carne significaria arrancar alguém de Cristo e de sua graça ou a perda da salvação (veja abaixo, em Gálatas).

Portanto, embora Lucas e Atos não façam referência direta à noção "uma vez salvo, salvo para sempre", essas percepções eventuais são indicadores claros de uma visão compartilhada.

iv) O evangelho e as cartas de João – Já comentamos (no capítulo 2) que o Evangelho de João foi escrito para crentes, com o intuito de encorajá-los a se firmarem em sua fé em Jesus como o Filho de Deus, totalmente divino e totalmente humano. Ele escreveu no final do primeiro século, em Éfeso, em resposta aos questionamentos sobre as duas naturezas de Cristo.

O uso constante que João faz do presente contínuo na língua grega não é, de modo algum, destacado com clareza na maioria das traduções. Como resultado, costuma-se presumir que "aquele que crê" significa crer apenas uma vez, embora seu sentido deva ser compreendido como "aquele que está crendo agora", ou ainda melhor, "aquele que continua a crer". Essa é a chave para uma interpretação adequada de versículos-chave como 3.16 e 20.30.

Veja outro exemplo: "Quem come a minha carne e bebe o meu sangue permanece em mim e eu nele. Assim como o Pai, que vive, me enviou, e eu vivo pelo Pai, assim, quem de mim se alimenta, também viverá [verbo no futuro] por mim (6.56-57).

Há outro caso clássico relacionado ao milagre supremo registrado em João, supreendentemente omitido pelos outros evangelhos: a ressurreição de Lázaro. Após afirmar ser "a ressurreição e a vida", Jesus revela como isso pode ser aplicado a outros: "E todo aquele que vive, e crê em mim, nunca morrerá" (11.26). Seria possível parafrasear o texto: "Todo aquele que continua a crer enquanto continuar a viver [...]".

Alguns leitores talvez acreditem que tudo isso seja discutível, pois tradutores confiáveis escolheram não destacar em sua tradução esse aspecto "obscuro", embora certamente reconheçam que "crê" não seja o mesmo que "creu". No entanto, o ponto que defendo aqui recebe ampla confirmação em afirmações claras e categóricas dos lábios de Jesus em outros trechos desse evangelho.

Em uma discussão demorada e reveladora com "os judeus" (que, no Evangelho de João, dizem respeito apenas aos que viviam no sul, em Judá e Jerusalém, e não aos galileus, no norte), Jesus ressalta a necessidade de continuar a crer no que ele disse. "Se vocês permanecerem firmes na minha palavra, verdadeiramente serão meus discípulos. E [então] conhecerão a verdade, e a verdade os libertará" (8.31-32; observe a construção "se [...] então"). Posteriormente, os críticos de Jesus usaram contra ele as suas próprias palavras: "[...] e tu dizes: Se alguém guardar a minha palavra, nunca provará a morte" (8.52). O sentido de "permanecer" e "guardar" é inconfundível. Na realidade, "permanecer" é uma tradução de uma das palavras favoritas de João, *meno*, que significa continuar, conservar-se, manter-se, perdurar, perseverar, estar em um lugar permanente.

Essa palavra é chave para a compreensão do relacionamento entre Jesus e seus discípulos: ele permanecerá neles *se* eles

FUNDAMENTAÇÃO BÍBLICA

permanecerem nele. Percebe-se isso de forma ainda mais clara em sua analogia da videira e dos ramos (15.1-6), compartilhada, provavelmente, enquanto Jesus e seus discípulos caminhavam do cenáculo ao jardim do Getsêmane, passando pela área do templo e sua imensa porta ornamental, decorada com uma videira de metal forjado (compare a saída do cenáculo 14.31 em direção ao Getsêmani em 18.1; isso posicionaria adequadamente a oração sacerdotal do capítulo 17 no templo).

Independentemente de onde essas palavras foram proferidas, suas implicações são sempre inconfundíveis. Os ramos devem permanecer na videira a fim de que continuem a ter vida, pois não a têm em si mesmos. Sem essa "seiva" eles se tornarão infrutíferos, murcharão e morrerão. Então serão cortados, lançados fora e queimados. É claro que a analogia se expande, como todas as outras. Os ramos naturais não têm vontade própria, portanto não exercem escolha alguma nessa questão; eles não têm controle sobre as circunstâncias que constituem esse processo natural. Aqui, no entanto, Jesus não está se dirigindo às plantas (embora quando o fez, levou uma figueira à morte em questão de horas!). Ele está falando a seus discípulos, que têm a escolha de ficar com ele ou deixá-lo, continuar vivendo em união com Cristo ou separar-se dele e morrer.

Um deles já havia partido (13.30). Mais adiante vamos analisar o caso de Judas Iscariotes (veja o Apêndice II). É no Evangelho de João que nos confrontamos com o verdadeiro enigma desse apóstolo, particularmente com o fato de que Jesus, desde o início, sabia de seu caráter corrupto (6.70-71). Por enquanto, vamos observar que Jesus, em sua conhecida oração naquela última noite, admitiu livremente que havia perdido um dos doze que seu Pai lhe concedera (17.12; "Nenhum deles se perdeu, a não ser [...]").

Quando passamos do Evangelho de João para suas epístolas, ainda estamos na esfera dos crentes. Encontramos o mesmo uso do presente contínuo. "Quem é que vence [continua vencendo] o mundo? Somente aquele que crê que Jesus é o Filho de Deus" (1Jo 5.5).

Há mais referências específicas à necessidade de uma conexão perseverante com o Senhor. "Cuidem para que aquilo que ouviram desde o princípio permaneça [habite, fique] em vocês. Se o que ouviram desde o princípio permanecer em vocês, vocês também permanecerão [habitarão, ficarão] no Filho e no Pai" (1Jo 2.24). Observe o "se"; nós o veremos com frequência nas cartas de Paulo.

Relembrando a analogia da videira e dos ramos, João traz à memória de seus destinatários que "Deus nos deu a vida eterna, e essa vida está em seu Filho. Quem tem [está tendo] o Filho, tem [está tendo] a vida; quem não tem [não está tendo] o Filho de Deus, não tem [não está tendo] a vida" (1Jo 5.11-12). Não podemos ter essa vida eterna em nós mesmos, independentemente do Filho. Devemos "permanecer" nele para desfrutá-la.

Até agora, a carta está confirmando o que descobrimos no evangelho. No entanto, a única contribuição ao nosso estudo está na afirmação: "Há pecado que leva à morte" (1Jo 5.16). O texto da epístola reconhece que os crentes podem pecar (1.8), embora não de forma contínua (3.6). Existe uma solução para tais lapsos: a confissão (1.9). A recuperação de um irmão pecador é auxiliada pela intercessão, tanto no céu (2.1) quanto na terra (5.16). Há, contudo, pecados tão graves que estão sob uma sentença de "morte", além do alcance dessa oração. Embora seja, possivelmente, uma referência à morte física (e.g. um ato ou hábito imoral que resultou em uma enfermidade fatal), é muito mais provável que se refira àquela morte espiritual que é o castigo do pecado. Isso estaria mais alinhado ao sentido frequentemente usado por Jesus (cf. 3.14).

A segunda carta de João, embora seja muito breve, contém um alerta claro: "Tenham cuidado, para que vocês não destruam o fruto do nosso trabalho, antes sejam recompensados plenamente. Todo aquele que não permanece no ensino de Cristo, mas vai além dele, não tem Deus; quem permanece no ensino tem o Pai e também o Filho" (2Jo 8-9). Esse texto, todavia, parece aplicar-se ao serviço e não à salvação; à perda da recompensa e não da redenção. O problema não é retroceder, mas ir além do ensino de Jesus e passar para os chamados princípios e práticas "mais elevados" ou "mais profundos" (provavelmente uma referência às religiões gnósticas que alegavam "conhecer" mais segredos do que outras; cf. "agnósticas", que significa "não saber"). O que fica claro é que extrapolar o ensinamento de Cristo não é apenas perder uma recompensa pelo serviço, mas perder tanto o Filho quanto o Pai, visto que somente aquele que permanece nesse ensinamento tem [está tendo] o Pai e o Filho.

Tanto o evangelho quanto as cartas apresentam uma imagem consistente. A união com o Pai e o Filho deve ser mantida pela fé e obediência contínuas do crente. O fracasso em assim "permanecer" envolve a perda daquela vida que é encontrada somente no Filho.

v) As cartas de Paulo – Antes de examiná-las em detalhes, é necessário fazer duas observações.

Em primeiro lugar, todas as cartas de Paulo são dirigidas aos "santos", os crentes que experimentaram o novo nascimento. Nenhuma delas é destinada a incrédulos, nem mesmo a uma mescla entre crentes e incrédulos. Também não há qualquer traço da noção moderna de cristãos "nominais" ou "professos", muito menos da distinção racionalizada entre a Igreja mista e "visível" e a pura e "invisível". Essa distinção é o resultado de igrejas que não praticam a disciplina, seja na admissão seja na exclusão, como acontece com muitas igrejas "institucionalizadas", que buscam abranger toda a população. Nos primeiros anos, quando era ao mesmo tempo custoso e perigoso unir-se à Igreja, os incrédulos mantinham-se bem distantes. Desse modo, quando Paulo usa a palavra "vocês" está se dirigindo aos "regenerados" que haviam sido redimidos (1Co 16.11 Cl 1.13-14).

Segundo, suas muitas exortações para que os crentes persistissem e perseverassem rumo ao alvo e ao prêmio têm em si uma urgência que exige explicação. Paulo gostava muito de usar essa pequena palavra "se" nessa conexão, como, por exemplo, "se vocês continuarem" e "se vocês se apegarem". Com isso, nossa atenção volta-se para as consequências possíveis caso os crentes não persistam em seu chamado.

A combinação dessas duas palavrinhas – "se vocês" – tanto em sua forma positiva ("se vocês permanecerem") quanto negativa ("se vocês não permanecerem") é a chave do nosso estudo. Essas afirmações explícitas serão decisivas, porém são respaldadas por alusões implícitas.

Romanos – A epístola é dirigida "a todos os que em Roma são amados de Deus e chamados *para serem* santos" (1.7; o acréscimo de "para serem" é injustificado e altera radicalmente o sentido).

O propósito de Paulo ao escrever aos romanos é crucial para a interpretação adequada de sua carta. Deve ter havido um motivo muito especial, pois ele não havia fundado ou sequer visitado a comunidade.

Não se trata, como muitos supõem, de uma síntese de seu evangelho que seria submetido à aprovação da igreja para o subsequente sustento de uma missão à costa oeste do Mediterrâneo, embora, próximo ao final da carta, ele mencione esses planos (15.24). O que o compeliu a escrever sua mais longa carta foi uma necessidade mais urgente do que essa.

O fato é que a igreja de Roma, a capital do império, corria o risco de dividir-se em duas denominações – judaica e gentílica – antes que Paulo conseguisse chegar até ela. Originalmente uma comunidade predominantemente judaica, com provável início no Pentecoste (At 2.10), ela transformou-se radicalmente em uma igreja gentílica quando o imperador Cláudio baniu os judeus de Roma (At 18.2). Autorizados por Nero a retornar, os judeus não foram bem-recebidos pelos líderes gentios da igreja, que estavam ensinando o que hoje se conhece como a "teologia da substituição" (que Deus rejeitara Israel e o substituíra pela Igreja). A carta como um todo tem como intuito abordar essa grave situação. Paulo lhes traz à memória que judeus e gentios são pecadores

(3.9), judeus e gentios são justificados pela fé (3.29-30), e judeus e gentios são filhos de Abraão (4.11-12) assim como haviam sido filhos de Adão (5.12); que os crentes gentios corrompiam o evangelho com a sua libertinagem (capítulo 6) e os crentes judeus faziam o mesmo com o seu legalismo (capitulo 7), porém ambos precisavam viver na liberdade do Espírito (capítulo 8). Os capítulos de 9 a 11, vistos pelos acadêmicos como um parêntese, tornam-se o ponto central e o clímax da carta, como indica a mudança de tom. Paulo desenvolve o tema com cuidado até esse apelo apaixonado para que os crentes gentios aceitassem aqueles a quem Deus jamais havia rejeitado. Até mesmo a seção conclusiva, com teor prático, trata de questões que poderiam provocar tensão entre crentes judeus e gentios (por exemplo, o alimento e os dias especiais).

O evangelho do qual Paulo não se envergonha é o poder de Deus em ação "para salvar todos os que creem" (1.16). O tempo presente contínuo significa "todo aquele que está crendo agora, todo aquele que continua crendo". Para que isso fique absolutamente claro, Paulo acrescenta que o evangelho revela uma justiça que é "de fé em fé" (1.17; a NVI tem a feliz tradução "uma justiça que do princípio ao fim é pela fé"). Ainda não plenamente satisfeito com sua explicação, ele acrescenta a citação bíblica: "O justo viverá pela fé" (Hc 2.4; veja o capítulo 2 para entender o sentido de "fé" nesse versículo: "guardar a fé, ser fiel").

Nos primeiros capítulos, Paulo lida com o pecado e o julgamento de incrédulos na sociedade romana, referindo-se a esses incrédulos na terceira pessoa do plural ("eles", "aqueles"). Eles desprezaram a Deus, por isso Deus os entregou a relacionamentos pervertidos e à conduta antissocial (1.18-32). Eles serão julgados de forma justa, somente pela luz reveladora que receberam, segundo os padrões de suas próprias consciências e o critério de seus atos: "aqueles" que fizeram o bem receberão a vida eterna e "aqueles" que fizeram o mal, a ira divina (2.7).

UMA VEZ SALVO, SALVO PARA SEMPRE?

No meio de tudo isso, Paulo faz a acusação chocante de que "vocês" (seus leitores, os "santos" em Roma) são culpados da mais terrível hipocrisia, pois condenam a perversidade de todos à sua volta enquanto, secretamente, entregam-se eles próprios aos mesmos pecados (uma vez que ele havia destacado a relação sexual homossexual entre os pagãos, podemos presumir que essa prática, entre outras coisas, se infiltrava na igreja). A linguagem de Paulo aqui é forte e direta: "vocês [...] vocês [...] vocês [...]". Ele os assegura de que ser crente não lhes confere imunidade do julgamento. Deus não tem favoritos. Pecado é pecado seja de crentes seja de incrédulos. Se os "santos" acreditarem que escaparão do juízo estarão cometendo um erro fatal, pois, na realidade, estão "acumulando ira contra si mesmos" (2.5).

Um pouco mais adiante na carta, Paulo tem a oportunidade de lembrar esses "santos" de que "o salário do pecado é a morte" (6.23). Esse versículo é muitas vezes citado fora de contexto e, particularmente em pregações e dissertações "evangélicas", é aplicado a pecadores. O contexto, no entanto, é a complacência e a presunção moral entre os crentes. As perguntas "Continuaremos pecando para que a graça aumente?" (6.1) e "Vamos pecar porque não estamos debaixo da lei, mas debaixo da graça?" (6.15) indicam o alvo das observações de Paulo nesta seção. O salário do pecado, seja o pecado persistente nos incrédulos ou o recorrente nos crentes é sempre a morte, o destino merecido.

A confirmação de que essa é a interpretação correta está nas afirmações posteriores. "Pois se vocês viverem de acordo com a carne, morrerão" (8.13; observe que "vocês" refere-se a "santos" e não "pecadores"). Os crentes podem escolher "ter a mente voltada para o que o Espírito deseja" ou escolher viver segundo a carne, mas não podem evitar as consequências, que são uma questão de vida e morte (veremos adiante que Paulo expressa de forma ainda mais clara esse mesmo ponto em sua carta aos Gálatas).

Nesse mesmo capítulo, Paulo introduz o tópico da herança que temos: "Se somos filhos, então somos herdeiros; herdeiros de Deus e coerdeiros com Cristo, se de fato participamos dos seus sofrimentos, para que também participemos da sua glória" (8.17). A partícula "se" ocorre duas vezes nessa afirmação, indicando duas condições necessárias como qualificação para essa herança gloriosa – a primeira delas, que sejamos filhos de Deus; e a segunda, que partilhemos dos sofrimentos de Cristo. Esse segundo pré-requisito aparecerá novamente em nosso estudo (em Filipenses).

O maior "se" de Romanos ocorre na seção em que Paulo tenta persuadir os crentes gentios de Roma a partilharem do seu sentimento a respeito do povo judeu. Ele reconhece que alguns ramos (não todos) da "oliveira" foram cortados e que, no lugar deles, os ramos "bravos" (gentios) foram enxertados. Essa, contudo, jamais deveria ser uma desculpa para a confiança vitoriosa ou a complacência vaidosa. Jamais devemos presumir que a severidade de Deus dispensada aos judeus e sua bondade para com crentes gentios sejam permanentes! A condição dos gentios como povo de Deus não é mais segura do que a dos judeus. É condicional, como se vê em "desde que permaneça na bondade dele. De outra forma, você também será cortado" (11.22). Ele insiste no mesmo tema dizendo que os judeus *podem* ser enxertados de volta em seu próprio tronco de uma forma muito mais natural e então revela um "mistério" (na linguagem bíblica, um segredo que agora pode ser revelado): que um dia eles *serão* enxertados novamente, como nação.

Esse parágrafo seria mais que suficiente para demonstrar que Paulo não acreditava na ideia "uma vez salvo, salvo para sempre". Ele afirmou categoricamente que os crentes sob a nova aliança não estão mais seguros do que judeus sob a velha. "Se Deus não poupou os ramos naturais, também não poupará vocês" (11.21). A atitude apropriada dos crentes gentios diante da incredulidade judaica não é demonstrar arrogância, mas temor (11.20). Aparentemente, Paulo não encarava como prejudicial o temor de perder seu lugar no povo e no propósito de Deus, um sentimento que não é partilhado por defensores contemporâneos do "uma vez salvo, salvo para sempre", que parecem pensar que tal medo pode apenas causar enorme dano!

Aliás, devemos notar que essas observações são feitas em relação a uma seção na qual se fundamenta uma forte ênfase na predestinação. Se, como se costuma afirmar, o soberano decreto divino de predestinação deve, inevitavelmente, significar que Deus preserva os santos, é estranho que Paulo faça as afirmações que fez no mesmo contexto (para mais sobre essa associação de ideias, veja o capítulo 5).

Antes de deixarmos a carta aos Romanos, há mais uma questão a considerar: nossa responsabilidade por nossos irmãos, bem como por nós mesmos. Não somente é possível que sejamos cortados se não permanecermos na bondade divina, como também é possível que "destruamos" um irmão por quem Cristo morreu se lhe impusermos uma liberdade de conduta da qual sua consciência ainda não lhe permite desfrutar. O excesso de escrúpulo é característico de uma consciência fraca e imatura, mas é algo que deve ser respeitado e não desprezado por aqueles que são mais esclarecidos. O amor jamais desejará que o outro seja "condenado" perante o tribunal de Deus (14.1-23). Agir de maneira diferente é o mesmo que "destruir a obra de Deus", podendo trazer sob o juízo divino tanto quem destrói como quem é destruído. Palavras fortes, certamente, mas que devem ser encaradas com seriedade.

1Coríntios – Essa carta muito prática, que lida com vários problemas da igreja de Corinto, não aborda o tópico "uma vez salvo, salvo para sempre" de forma mais direta do que qualquer outra carta de Paulo. Mesmo assim, há algumas indicações da opinião de Paulo a esse respeito que surgem de forma quase incidental enquanto ele trata de outras questões.

Ao lidar com o escândalo do incesto que era de conhecimento público, Paulo insiste que a igreja aplique a sanção definitiva a esse "irmão" culpado (portanto crente): "Entreguem esse homem a Satanás, para que o corpo seja destruído, e seu espírito seja salvo no dia do Senhor" (5.5).

FUNDAMENTAÇÃO BÍBLICA

O evidente e desafiador pecado do homem não deveria ser tolerado, por mais drástico que isso seja, não apenas pelo bem da reputação do evangelho, mas pela própria redenção do homem. Se ele não fosse impedido, chegaria a um ponto sem retorno e ele perderia a sua salvação. Por mais desagradável que pareça expor um irmão à obra satânica da enfermidade e da morte, trata-se de algo de muito menor importância quando se considera o seu destino eterno. Se a igreja não recorrer a essa forma extrema de disciplina, esse "irmão" se perderá por toda a eternidade. Melhor estar enfermo e morto do que perdido no inferno.

Após lidar com a ofensa de litígio entre crentes perante juízes "ímpios", Paulo retoma o escândalo da imoralidade sexual na igreja e faz a pergunta retórica: "Vocês não sabem que os perversos não herdarão o Reino de Deus?" (6.9). De sua relação de pecados passados ("assim foram alguns de vocês"), é possível presumir que os perversos são pecadores, não santos. Mas por que ele faria tal afirmação em uma carta endereçada a santos? Precisamente porque estes voltaram para seus caminhos pagãos, chegando a visitar prostitutas no bordel local (6.15-16). O fato de Paulo acreditar que tal conduta "perversa" poderia custar um lugar futuro no reino, mesmo para os crentes, é confirmado por um uso ainda mais claro das mesmas palavras em Gálatas (5.22; veja abaixo).

Paulo até admitiu que isso poderia acontecer a ele mesmo! Ele lutava contra os hábitos e apetites de seu próprio corpo, uma batalha contínua, não como quem esmurra o ar, "para que, depois de ter pregado aos outros, eu mesmo não venha a ser reprovado" (9.27). Houve tentativas de reduzir a seriedade da ansiedade de Paulo restringindo o adjetivo "reprovado" apenas ao serviço nesta vida e à recompensa na próxima. Isso, contudo, não é fiel ao vocabulário ou ao contexto de Paulo. O mesmo adjetivo (*adokimos*) usado em outra passagem significa que Cristo não está mais em você (2Co 13.5); e "coroa" ou "prêmio" em outras referências significam o nosso chamado (Fp 3.14). O contexto é ainda mais revelador.

UMA VEZ SALVO, SALVO PARA SEMPRE?

É uma tragédia que as cartas de Paulo tenham sido divididas em capítulos, pois, muitas vezes, um texto é separado de seu contexto. O temor de Paulo com relação à reprovação é imediatamente seguido pela reprovação ou desqualificação de muitos de seu próprio povo por causa da idolatria e imoralidade (10.1-13). Eles foram redimidos do Egito e batizados em Moisés, mas não entraram em Canaã porque "Deus não se agradou da maioria deles" (10.5); na verdade, Deus se desagradou de todos eles, exceto dois! O destino dessas pessoas é ao mesmo tempo um "exemplo" e um "alerta" aos crentes de Corinto, que enfrentavam as mesmas transigências de idolatria e imoralidade. Paulo é um dos três autores do Novo Testamento a aplicar aos crentes da nova aliança esse ensinamento da velha aliança. Alegar que não existe paralelo real torna a doutrina apostólica um contrassenso.

Ao mencionar o alimento e a bebida espiritual que os israelitas ("nossos antepassados") comeram no deserto, mesmo apesar da sua desobediência, naturalmente Paulo faz a associação com os abusos da Ceia do Senhor em Corinto, que resultaram em idolatria e imoralidade. Alguns chegavam cedo para comer todo o pão e outros se embebedavam com o vinho! Concebida para ser um meio da graça, essa refeição santa havia se tornado um sacramento de juízo, servindo de mediador de enfermidade e de morte em vez de saúde e vida. Tais efeitos, no entanto, tinham o propósito de redimir os crentes, estabelecendo um paralelo exato com a disciplina aplicada ao transgressor incestuoso (5.5). Ao permitir tais resultados trágicos da participação de sua mesa, o propósito do Senhor é simples: "Quando somos julgados pelo Senhor, estamos sendo disciplinados para que não sejamos condenados com o mundo" (11.32). Trata-se de uma referência ao Dia do Juízo, quando os pecadores serão finalmente rejeitados e sentenciados à segunda morte, que é ser lançado no lago de fogo. Paulo, convencido de que o próprio Jesus está plenamente ciente de que esse pode ser o destino de alguns crentes, prefere infligir-lhes a dor e a angústia no presente para salvá-los da tragédia futura. Os que vêm à Ceia do Senhor são exortados a "examinar a si mesmos", de modo que o Senhor não precise fazê-lo (veja abaixo, 2Co 13.5, para mais esclarecimento sobre o autoexame).

Passando das questões éticas às doutrinárias, Paulo relembra aos coríntios os fundamentos básicos do evangelho que ele lhes havia anunciado – a morte, o sepultamento e a ressurreição de Jesus, vaticinados na Bíblia e planejados como uma solução para os pecados. Ele então acrescenta um grande "se". Paulo afirma (em 15.2) que "por meio deste evangelho vocês são salvos [estão sendo salvos, continuam sendo salvos], desde que se apeguem firmemente [estejam se apegando firmemente, continuem a apegar-se firmemente] à palavra que lhes preguei; caso contrário, vocês têm crido [tempo aoristo, geralmente uma referência a uma única ação, portanto "creram", refere-se a seu primeiro passo de fé] em vão [que significa "sem nenhum propósito" ou "sem resultado"]". Paulo poderia ter-lhes dito que eles jamais haviam crido de fato, mas não o fez porque não era isso o que ele queria dizer. A fé inicial daquelas pessoas era suficientemente verdadeira, mas ela seria inútil se eles não a sustentassem com a fé contínua.

2Coríntios – Esta carta está cheia de questões pessoais dos crentes de Corinto, após relações tensas entre eles e Paulo. "Não que tenhamos domínio sobre a sua fé", ele escreveu, "mas cooperamos com vocês para que tenham alegria, pois é pela fé que vocês permanecem firmes" (1.24). Esse era seu principal temor, que os coríntios hesitassem em sua fé.

Paulo tinha "zelo" por eles, sem desejar sua lealdade para si mesmo, mas ansiando que depositassem sua fidelidade em Cristo. Seus sentimentos têm muito em comum com os de João Batista (cf. Jo 3.29 com 2Co 11.2); ele vê seus convertidos como uma noiva para Cristo. Paulo, contudo, teme que, assim como Eva foi enganada e perdeu seu lugar no Éden, os coríntios "se desviem da sua sincera e pura devoção a Cristo" (11.3). Eles parecem muito propensos a ouvir outro evangelho, receber outro espírito e seguir outro Cristo. Paulo teme que o noivo não receba sua noiva prometida. A passagem faria pouco sentido sem a possibilidade de Cristo ser privado de sua noiva.

Esse temor é elaborado em uma seção posterior (12.21–13.5). A "impureza, imoralidade sexual e libertinagem" constante na vida daquelas pessoas eram motivo de humilhação para ele, como se tivesse fracassado, e o levavam a sofrer e chorar por perdê-los. Paulo está determinado a vir e lidar com eles firmemente para evitar que isso aconteça, sem poupar sentimentos, mas repreendendo os que lhe derem ouvidos e removendo os que se recusarem a ouvir. Deixar de fazê-lo revelaria fraqueza moral.

Paulo seguramente preferiria que eles disciplinassem a si mesmos antes que ele fosse obrigado a tratar a situação. Ele implora aos coríntios que examinem e provem a si mesmos "para ver se estão na fé" (13.5; observe o tempo presente, "estão"). Paulo não afirma que eles jamais estiveram na fé, mas sim que a fé que tiveram não substitui a fé presente. O artigo definido ("a") quando associado ao termo "fé" indica a aceitação do ensinamento do evangelho de Cristo e não a confiança pessoal nele. Abandonar esse ensinamento é abandonar Cristo. Ele presume que Cristo Jesus está neles, a menos que "tenham sido reprovados" (essa expressão é a tradução de *adokimos,* encontrada também em 1Co 9.27, ARA, quando ele revela o seu receio de ser desqualificado).

No entanto, apesar de seus temores muito reais, ele conclui chamando-os de "irmãos" no Senhor e concedendo-lhes a benção trinitariana (13.14).

Gálatas – Nessa carta extraordinária, possivelmente uma das primeiras de Paulo, ele defende a verdadeira liberdade do Espírito mediante dois perigos análogos que ameaçam essa liberdade. De um lado está a libertinagem, que escraviza ao pecado. Do outro lado, o legalismo, que escraviza à lei. Trata-se de duas maneiras pelas quais os crentes podem perder sua liberdade e ambas têm graves consequências.

FUNDAMENTAÇÃO BÍBLICA

O legalismo perseguiu a missão de Paulo por meio do ensino posterior de crentes judeus segundo o qual os gentios, ao aceitarem Jesus, o Messias judeu, deveriam também guardar a lei judaica de Moisés, começando pela circuncisão. Opondo-se a isso, Paulo foi até o Concílio de Jerusalém (At 15). Parte de seu linguajar mais contundente ele reservou para aqueles que colocavam essa imposição a seus convertidos ("Quanto a esses que os perturbam, quem dera que se castrassem!" – 5.12).

O que nos interessa é o alerta de Paulo aos convertidos que se submetessem a essa exigência mosaica: "Separaram-se de Cristo; caíram da graça" (5.4). Permitir que essa parte do corpo fosse amputada significaria separar-se do próprio Cristo. Ele, então, de "nada lhes serviria" (5.2). Mais uma vez, Paulo está declarando que desertar do evangelho que ele pregava é perder o Cristo que ele lhes havia apresentado.

No entanto, no extremo oposto ao legalismo está a libertinagem, que apresenta o mesmo perigo. Não estar sob a lei não significa liberdade para pecar. A verdadeira liberdade é a liberdade de não pecar, algo somente possível quando se anda no Espírito.

Esse equívoco, de pensar que a graça nos dá permissão para pecar, também perseguiu a missão de Paulo, mas vinha de fontes gentias e não judaicas. Em outro texto (Romanos 6), Paulo lida de forma mais abrangente com os argumentos a esse respeito, aqui, contudo o faz de forma breve, porém enfática.

O crente é constantemente confrontado com a escolha: seguir os desejos da carne ou do Espírito. Uma coisa é certa: ninguém pode ser guiado por ambos simultaneamente, pois eles são totalmente contrários. É importante explicar que, por "carne", Paulo não se refere ao corpo físico, mas à natureza pecaminosa caída que herdamos com nosso corpo.

Quando um crente é controlado por sua natureza pecaminosa, sua vida exibe uma variedade de "obras da carne"; entre as quais a idolatria e a imoralidade se destacam, juntamente com o ciúme, a embriaguez, o ódio e outros comportamentos degradantes. Imediatamente após essa lista desagradável (5.19-20) vem um aviso solene: "Eu os advirto, como antes já os adverti, que os que praticam essas coisas não herdarão o Reino de Deus" (5.21). Aparentemente, desde o início, Paulo adverte seus convertidos de que um retorno ao seu antigo modo de viver os levaria a perder sua salvação final ("herdar" está no tempo futuro). Ele repete a advertência em outra passagem (1Co 6.9).

A seção final da carta reforça esse ponto de forma enfática: "Não se deixem enganar: de Deus não se zomba. Pois o que o homem semear, isso também colherá. Quem semeia para a sua natureza pecaminosa [a carne], da natureza colherá destruição; mas quem semeia para o Espírito, do Espírito colherá a vida eterna" (6.7-8). As observações a seguir precisam ser feitas: em primeiro lugar, as palavras destinam-se e, consequentemente, aplicam-se a crentes regenerados; em segundo lugar, "semeia" está no tempo presente, indicando ação contínua; terceiro, "destruição" significa exatamente isso, ruína eterna.

É no futuro que estão as consequências da semeadura tanto boa quanto ruim. A "colheita" acontece na eternidade. Como que para certificar-se de que ele se refere ao ato contínuo de semear, Paulo destaca que a colheita da vida que resulta da semeadura para agradar o Espírito somente será nossa "se não desanimarmos" (6.9), outro grande "se".

Efésios – O nome "Éfeso" não está presente em algumas das primeiras cópias desta carta, portanto é possível que esta tenha sido uma carta geral, que circulou entre as igrejas da Ásia. Ela aborda os princípios gerais da fé e da conduta, em vez de tratar de problemas específicos.

Paulo exorta claramente os "santos" a não serem enganados "com palavras tolas", pensando que os crentes que persistirem em caminhos imorais, impuros ou cobiçosos ou a eles retornarem terão herança no reino de Cristo e de Deus (5.5-6). Até mesmo a associação com tais estilos de vida incorre na ira divina.

Filipenses – Escrevendo da prisão em Roma para agradecer aos crentes em Filipos por seu apoio moral e financeiro,

FUNDAMENTAÇÃO BÍBLICA

Paulo não resistiu à oportunidade de exortar sua congregação favorita com muitos apelos calorosos.

Um dos mais conhecidos é: "Ponham em ação a salvação de vocês [...] pois é Deus quem efetua em vocês [...]" (2.12-13). A salvação, portanto, envolve "ação" humana e divina em cooperação. Deus pode conceder o desejo e a habilidade para que alcancemos seus propósitos, mas nada nos é imposto. Assim como um dom musical precisa ser exercitado com disciplina, também os dons de Deus precisam ser apropriados e aplicados. O que nos interessa neste estudo é que o aspecto humano seja colocado em ação "com temor e tremor". Temor do quê? Tremor diante de qual pensamento? Algum risco muito grave deve estar envolvido para explicar tal reação emocional. A explicação é que estamos cooperando com Deus. Por que então precisamos temer e tremer se ele nos oferece tanto auxílio? Certamente porque daqueles que receberam muito, muito será exigido. Visto que Deus não tem favoritos, aqueles que receberam mais serão julgados com mais severidade. Já vimos que Paulo não tinha medo de ter medo. Há um "temor de Deus" que é saudável e está muito distante do terror irracional, porém vai muito além da reverência.

O temor do fracasso em alcançar o objetivo pode tanto paralisar o crente, caso ele permita que o medo se torne uma obsessão, como estimulá-lo a um esforço maior, quando ele responde de forma adequada. É evidente nesta carta o fato de que Paulo reagiu corretamente diante do temor de ser reprovado (1Co 9.27).

Paulo jamais considerou sua salvação futura como algo certo e garantido. Mesmo como fariseu, ele tinha incomparável zelo pela justiça, embora mais tarde considerasse tais façanhas morais como "esterco" (uma rude palavra grega para as excreções humanas com um bom equivalente em português!). Ao arrepender-se de suas boas obras, bem como de suas poucas más obras (Rm 7.7-8), ele encontrou a verdadeira justiça em Cristo. Mas isso não significava o fim do esforço de sua parte, apenas uma mudança de direção e de ambições. Agora ele queria conhecer Cristo mais e mais, o poder de sua ressurreição e a comunhão de seus sofrimentos em especial.

O objetivo desse exercício era "de alguma forma, alcançar a ressurreição dentre os mortos" (3.11). É surpreendente como são poucos os comentaristas que se dispõem a compreender essa afirmação pelo que ela claramente expressa, surpresa essa que só é superada quando alguém lê os complicados argumentos usados a fim de lhe conferir um sentido totalmente diferente! Isso se deve à extrema relutância em admitir que Paulo poderia ter tudo, exceto a certeza absoluta a respeito de seu futuro. Há também certa hesitação em não inferir que os esforços do próprio Paulo pudessem contribuir para sua segurança futura.

A afirmação precisa de alguma atenção pois, à primeira vista, contradiz a convicção de Paulo de que toda a raça humana, tanto justos quanto ímpios, ressuscitará dentre os mortos (At 24.15; cf Jo 5.29 e Dn 12.2). Então, por que Paulo deveria "alcançar" aquilo que aconteceria de qualquer maneira?

A solução para esse dilema está na estrutura pouco comum da frase que expressa essa ambição, a qual, no grego, inclui duas vezes a preposição *ek*. Uma tradução literal seria: "então, de alguma forma, alcançar a ressurreição [para fora] dentre os mortos". Trata-se de uma óbvia referência a uma ressurreição anterior, antes da ressurreição geral. A fraseologia peculiar é usada a respeito da ressurreição do próprio Jesus, que foi antecipada, porém não acompanhada por outros (At 4.2; 1Pe 1.3). Também foi usada em referência à ressurreição dos justos, que segundo os judeus, precederia a dos ímpios (Lc 20.35). No livro de Apocalipse (20.5-6), há uma referência específica a essas duas ressurreições, que são separadas por mil anos (o "milênio"), período no qual Cristo e os santos reinarão na terra (5.9). "Felizes e santos os que participam da primeira ressurreição! A segunda morte não tem poder sobre eles [...]". Trata-se claramente da mesma ressurreição a que Paulo se refere em outro texto como:

"Cristo, o primeiro, depois, quando ele vier, os que lhe pertencem" (1Co 15.23).

Nessa identificação fica bem claro que Paulo não pensa que terá parte na ressurreição dos santos justos automaticamente. É algo a ser "alcançado" por meio de uma identificação cada vez mais íntima com Cristo, especialmente com seus sofrimentos.

O fato de que esta é a interpretação correta, bem como a mais simples, é amplamente suportado pelos versículos seguintes, que continuam falando de sua determinação de prosseguir "para alcançá-lo, pois para isso também fui alcançado por Cristo Jesus" (3.12). Deixando o passado para trás e avançando para o que está adiante, ele fará todo esforço para alcançar o alvo e o prêmio (3.13-14).

Paulo está claramente ciente de que, depois de toda a sua crítica à salvação pelas obras, alguns talvez discordem de toda essa ênfase na necessidade de esforço humano! Então ele silencia o argumento em potencial com a afirmação: "Todos nós que alcançamos a maturidade devemos ver as coisas dessa forma, e se em algum aspecto vocês pensam de modo diferente, isso também Deus lhes esclarecerá" (3.15; e minha oração em relação a este livro).

Logo em seguida, Paulo escreve, com lágrimas nos olhos, que "há muitos que vivem como inimigos da cruz de Cristo [...] o seu deus é o estômago e têm orgulho do que é vergonhoso; eles só pensam nas coisas terrenas" (3.18-19). Sua tristeza e sua linguagem deixam claro que ele está se referindo aos que estão na Igreja, que deveriam ter conhecimento disso, e não a forasteiros, de quem poderia se esperar tal indulgência. O contexto é um apelo para que "vivamos de acordo com o que já alcançamos" (3.16) e não difere de sua exortação anterior para "pôr em ação a salvação" (2.12). Uma coisa é clara. Aqueles que não conseguem fazê-lo, ainda que com um hábito "inofensivo" como a gula, estão se expondo a uma terrível consequência – "seu destino é a perdição" (3.19).

Não surpreende que ele introduza seu último "finalmente" com um apelo a que "permaneçam firmes no Senhor" (4.1).

UMA VEZ SALVO, SALVO PARA SEMPRE?

Colossenses – Por que Deus nos reconciliou consigo mesmo mediante a morte de Cristo? Para nos apresentar "santos, inculpáveis e livres de qualquer acusação" (1.22). Até mesmo a cruz, no entanto, somente pode produzir tal estado de perfeição "desde que continuem alicerçados e firmes na fé, sem se afastarem da esperança do evangelho" (1.23).

O primeiro aspecto a se observar dessa extraordinária afirmação é que Cristo morreu para tornar a santidade possível, bem como o perdão. Essa verdade fundamental está entesourada em muitos hinos:

> *Sê tu a dupla cura para o pecado:*
> *Da sua culpa e poder, sou purificado.*
>
> [tradução livre de um trecho do hino *Rock of Ages*]
>
> Sua morte nos trouxe perdão,
> Sua morte nos fez bons;
> O céu, um dia, será realidade
> Seu sangue precioso por nosso resgate.
>
> [tradução livre de um trecho do hino *There is a Green Hill Far Away*]

A visão Alfa de "uma vez salvo, salvo para sempre" alteraria a segunda frase do verso para: "Sem que precisássemos ser bons"! É uma fraqueza humana comum, que pode ser explorada por evangelistas sem escrúpulos: desejar o perdão sem santidade, escapar do inferno sem estar qualificado para o céu. Os conselheiros de cruzadas evangelísticas deveriam ser treinados a iniciar com a pergunta: "Do que você deseja que Jesus o salve?". As respostas seriam esclarecedoras – e lhes permitiria começar do ponto certo.

O segundo aspecto a se observar é que esse objetivo ainda é futuro. Tal inocência perfeita é uma "esperança" ainda não alcançada. A "apresentação" desses produtos da cruz ainda está para acontecer. Ela só é possível com a firme adesão à fé, uma compreensão contínua do objetivo da salvação.

Há um risco real de ser iludido (*katabrabeno* significa ser privado de um prêmio), enganado e "escravizado", deteriorado e "feito presa", portanto, levado a abandonar a "firmeza da vossa fé" (2.4-8, ARA). O único antídoto para tais ataques sutis é: "Portanto, assim como vocês receberam a Cristo Jesus, o Senhor, continuem a viver nele, enraizados e edificados nele, firmados na fé, como foram ensinados" (2.6-7, observe que "receberam" não é a tradução do usual *lambano*, mas de *paralambano*, literalmente, o "receber por transmissão", que é usado para descrever o ato de receber o ensino a respeito de uma pessoa e não de receber uma pessoa; após a ascensão de Jesus, os apóstolos nunca falaram sobre receber Cristo, mas somente sobre receber a pessoa que ocupava o lugar dele na terra, o Espírito Santo. Evangelistas, por favor, atentem para isso!).

O falso ensino é perigoso, principalmente quando ministrado com falsa modéstia, um disfarce para a arrogância intelectual. Ele não somente "impede de alcançar o prêmio" (2.18; cf. 1Co 9.27 e Fp 3.14), como pode levar um crente ao ponto em que "não está unido à Cabeça [i.e., Cristo]" como já aconteceu aos próprios mestres (2.19). Não podemos perder tal "conexão" se nunca a tivemos!

Cedo ou tarde, o engano intelectual leva à decadência moral. Paulo exorta os colossenses a serem implacáveis no extermínio da idolatria e da imoralidade inerentes à natureza humana caída, que costumava governar seu estilo de vida. É vital livrar-se hoje da luxúria e da ganância pelas quais "vem a ira de Deus" (3.6). Os crentes não podem contar com sua imunidade ao julgamento, principalmente se persistirem em seu antigo estilo de vida, pois Deus não tem favoritos. O pecado, seja em incrédulos ou crentes, merecerá a ira divina. É um alerta frequente nas cartas de Paulo (cf Rm 2.5 e Gl 5.21).

Tessalonicenses – Escritas principalmente para corrigir equívocos a respeito da segunda vinda de Cristo, não deveríamos esperar que essas duas cartas contribuíssem muito com nosso questionamento.

Mesmo assim, na primeira delas Paulo menciona a seus leitores a ansiedade que o levou a buscar informações a respeito da condição espiritual daqueles irmãos. "Enviei Timóteo para saber a respeito da fé que vocês têm, a fim de que o tentador não os seduzisse, tornando inútil o nosso esforço" (3.5). Mais de uma vez, Paulo expressou esse temor de que seu trabalho havia sido "em vão", desperdiçado, ou não tivesse resultados duradouros (cf. Gl 4.11; Fp 2.16). Se ele realmente acreditasse na teoria "uma vez salvo, salvo para sempre", seria difícil explicar tais temores.

De fato, Timóteo retornou com notícias encorajadoras, provando serem infundadas suas preocupações nesse caso. "Pois agora vivemos, visto que vocês estão firmes no Senhor" (3.8).

1Timóteo – A primeira e a segunda cartas a Timóteo e a carta a Tito são conhecidas conjuntamente como "epístolas pastorais". Uma vez que Paulo estava lidando com os diversos problemas práticos enfrentados pelos líderes da Igreja, é de se esperar que houvesse um certo número de referências à situação dos que caem novamente em pecado ou deixam a Igreja por outras razões. E de fato é assim, confirmando que essas estão entre as últimas cartas de Paulo.

Alguns "se desviaram" do coração puro, da boa consciência e da fé sincera (1.3-7). Outros definitivamente "rejeitaram" essas coisas e "naufragaram na fé" (1.18-20). Dois deles são citados: Himeneus e Alexandre "os quais entreguei a Satanás, para que aprendam a não blasfemar". Já vimos (em 1Co 5) que tal sanção extrema tem um propósito redentor, necessário para garantir a salvação final. Expor antigos crentes ao ataque físico do diabo pode parecer cruel, porém tal medida radical é para seu bem eterno.

Um dos versículos mais intrigantes afirma que "a mulher será salva dando à luz filhos – se elas permanecerem [perseverarem, conservarem-se] na fé, no amor e na santidade, com bom senso" (2.15). A afirmação decorre das restrições de

FUNDAMENTAÇÃO BÍBLICA

Paulo à atuação de mulheres no ministério.[4] Trata-se de uma referência a Eva, que foi "enganada, tornou-se transgressora" (2.14), mas ela é claramente vista aqui como representante de todas as mulheres, pois, na mesma frase, "a mulher" torna-se "elas" (o que descarta a aplicação desse versículo a Maria, a mãe de Jesus). A palavra-chave, obviamente, é "salva" e ela tem sido algumas vezes limitada ao sentido físico: "trazida em segurança através dos riscos do parto". No entanto, dificilmente ela ocorreria após "tornou-se transgressora", o que indica que é "salva" no sentido pleno da palavra. No entanto, "salva dando à luz filhos" seria a salvação por obras com um viés vingativo, embora as parteiras tenham me dito que muitas mulheres clamam a Deus durante o parto. Parece-me que a frase "dar à luz" aqui deve ser compreendida em termos gerais como um papel principal na vida, que não tem menos dignidade ou valor do que o ministério de ensino que Paulo acaba de lhes negar. Mesmo assim, a função em si não pode salvá-las, a menos que seja cumprida em fé, amor e santidade contínua. Mais uma vez, um grande "se" destacado por Paulo.

No contexto de alguns que "abandonarão a fé" (4.1), Paulo exorta Timóteo a perseverar na leitura, na pregação e no ensino das Escrituras à sua congregação, cuidando para que sua vida seja condizente com seu falar, "pois, fazendo isso, você salvará tanto a si mesmo quanto aos que o ouvem" (4.16). Timóteo, portanto, ainda não está "salvo" e pode "salvar" a si mesmo! Paulo está novamente pensando na salvação em seu sentido pleno e final, totalmente alinhado ao ensinamento do Senhor de que "aquele que perseverar até o fim, esse será salvo".

Há outras pistas relevantes desse pensamento. Um crente pode ser "pior que um descrente" se não cuidar de sua própria família (5.8). Uma viúva cristã que vive pelo prazer sensual "ainda que esteja viva, está morta" (5.6). "Algumas, na verdade, já se desviaram, para seguir a Satanás" (5.15).

---

[4] Para um estudo mais aprofundado sobre esse tema delicado, veja meu livro *Leadership is male* (2007).

Há também os que "se desviaram da fé" por "amor ao dinheiro", que é "raiz de todos os males". O rico deve ser instruído a "tomar posse" da vida eterna com a mesma avidez, tornando-se rico em boas obras, generoso e não ganancioso, buscando essa vida que é a "verdadeira vida", pois ela sobrevive à "era que há de vir". Sua confiança deve estar em Deus e não no ouro. Há mais ganho no contentamento do que na cobiça (tudo isso em 6.3-19).

Até mesmo as "conversas profanas" e as "ideias contraditórias" podem levar os crentes a se "desviarem da fé" (6.20-21). O verbo "desviar" expressa a noção de uma partida [ou afastamento] não intencional e não percebida.

Paulo não sugere, sequer uma única vez, que aqueles sobre os quais ele está falando estejam "salvos por toda a eternidade, graças a Deus" e apenas sujeitos a perder um bônus extra no céu. Pelo contrário, seu tom e sua linguagem revelam tristeza e temor muito mais profundos – de que eles estavam entre os "salvos" no início, mas ali não estarão no final.

2Timóteo – Há várias "afirmações fiéis e dignas de confiança" nas "epístolas pastorais" com traços de provérbios, frases concisas que resumem as realidades da vida. Elas foram amplamente usadas pelos primeiros pregadores para semear máximas úteis na própria memória e na memória de seus ouvintes. Paulo as usa como lembretes.

Uma delas (2.11-13) baseia-se na palavra "se", e já aprendemos como é significativo o uso que Paulo faz dessa pequena conjunção. Igualmente importante é a repetição da primeira pessoa do plural – "nós" – eliminando qualquer dúvida de que sejam referências aos crentes, inclusive o próprio Paulo. O verso que nos preocupa é o terceiro: "Se o negamos, ele também nos negará". Em cada um dos casos, a primeira frase diz respeito ao presente e a segunda, ao futuro ("Se perseveramos, com ele também reinaremos"). Eis aqui a clara possibilidade de que um discípulo que já foi de Cristo seja negado por ele no dia em que os livros forem abertos. Esse provérbio citado por Paulo é uma citação praticamente exata do próprio Jesus: "Mas qualquer que me negar diante dos homens, eu o negarei também diante de meu Pai, que está nos céus" (Mt 10.33, dirigindo-se aos doze).

Timóteo é instruído de que aqueles que têm o costume de brigar e discordar dos legitimados mestres da Igreja caíram na "armadilha do diabo, que os aprisionou para fazerem a sua vontade" (2.26). Timóteo deve "corrigi-los com mansidão", na esperança de seu arrependimento, a fim de que caiam em si e escapem das garras do diabo. O diabo não deve detê-los.

Os perversos e os impostores irão de mal a pior (3.13), mas Timóteo deve "permanecer" no que aprendeu das Escrituras desde a infância, com sua mãe e sua avó. Toda a Escritura é inspirada por Deus e de imensa utilidade no ministério "para o ensino, para a repreensão, para a correção e para a instrução na justiça" (3.16). Mas antes de tudo isso, ela é essencial para o próprio Timóteo, a fim de "torná-lo sábio para a salvação". O texto é pessoal. Timóteo precisa ser salvo, plena e finalmente (o mesmo pensamento encontrado em 1Tm 4.16).

Tito e Filemom – Não contêm nada relevante para nosso tema.

vi) Hebreus – O propósito para o qual essa carta anônima foi escrita a torna o livro mais relevante no Novo Testamento para nosso estudo. Provavelmente escrita à igreja de Roma (13.24) e seguramente destinada aos crentes judeus, é a única carta que aborda, do começo ao fim, o problema do retorno à vida de pecado [retrocesso espiritual].

No império romano, o cristianismo era uma religião ilegal (*religio illicita*), portanto podia ser atacada impunemente. Quando essa carta foi escrita, a perseguição já havia começado. Os cristãos eram publicamente insultados e aprisionados, e tinham seus bens confiscados (10.33-34). Embora ainda não tivessem resistido "até o ponto de derramar o próprio sangue" (12.4), o martírio despontava no horizonte. Em seus primeiros dias, eles "suportaram muita luta e sofrimento" (10.32), mas uma hostilidade crescente os levava a hesitar e a imaginar como eles e suas famílias poderiam evitar o sofrimento futuro.

UMA VEZ SALVO, SALVO PARA SEMPRE?

Para os crentes judeus, porém não para os gentios, já havia uma maneira de escapar: bastava que retornassem às suas sinagogas de origem. O judaísmo era uma *religio licita*, portanto seus seguidores eram protegidos por lei. Afinal, eles ainda estariam adorando o mesmo Deus, pois o Pai de Jesus era o Deus de Abraão, de Isaque e de Jacó. Havia um problema apenas: para serem novamente aceitos na sinagoga, exigia-se que eles renunciassem publicamente sua fé em Jesus!

Era esse o drama por trás dessa carta, e cada trecho dela destinava-se a persuadir esses discípulos "hebreus" a permanecerem com Cristo, a qualquer preço, em vez de voltarem ao judaísmo. O autor usa todos os recursos retóricos possíveis – argumentos e apelos, repreensões leves e exortações solenes, lógica rabínica e explosão emotiva. É uma façanha de persuasão humana, no entanto tem a inspiração do Espírito.

O autor ou a autora, seja quem for (Estevão e Priscila estão entre os candidatos cotados), intercala exposição positiva com exortação negativa.

Não temos tempo ou espaço para examinar os argumentos detalhados que sustentam a inferioridade e obsolescência do judaísmo ou a superioridade e a firmeza de conhecer Jesus, o Filho, sacerdote pela ordem de Melquisedeque, o autor e consumador da nossa fé, e não apenas um exemplo dela, contrastando com os heróis do Antigo Testamento. O que mais nos interessa é o destino previsto para aqueles que, tendo uma vez crido em Cristo como seu Salvador e Senhor, voltem atrás por causa da pressão do antagonismo.

Começamos com o conhecido texto, usado com frequência no evangelismo: "Como escaparemos nós, se negligenciarmos tão grande salvação?" (2.3). Na *New International Version*, talvez para reforçar a aplicação a pecadores, o verbo é traduzido por "se ignorarmos". No entanto, o pronome "nós" refere-se a crentes somente, que correm o risco de "se desviar" do evangelho que ouviram e aceitaram (2.1). E se, sob a velha aliança, toda violação e desobediência (a "mensagem

FUNDAMENTAÇÃO BÍBLICA

transmitida por anjos") recebia seu justo castigo, as ofensas cometidas sob a nova aliança também receberão tratamento severo (2.2). Observe que, a esse respeito, ambas partilham da mesma condição. Os ofensores seriam especialmente culpados por renunciarem a salvação que chegou a eles autenticada por sinais, maravilhas, milagres e distribuição de dons do Espírito (2.4). Testemunhar tudo isso e então declarar que é falso seria, de fato, algo muito grave.

Assim como Paulo, o autor aprecia as palavras "se" e "desde que". "E esta casa [de Deus] somos nós, se é que nos apegamos firmemente à confiança e à esperança da qual nos gloriamos" (3.6). "Passamos a ser participantes de Cristo, desde que, de fato, nos apeguemos até o fim à confiança que tivemos no princípio" (3.14). Ele obtém essa noção da necessidade de perseverança do exemplo de infidelidade de seus antepassados israelitas. "Vemos, assim, que foi por causa da incredulidade que não puderam entrar [em Canaã]" (3.19). A mesma tragédia pode ocorrer aos discípulos de Cristo. "Cuidado, irmãos, para que nenhum de vocês tenha coração perverso e incrédulo [como o deles], que se afaste do Deus vivo" (3.12). Observe que é impossível se afastar de Cristo e permanecer com Deus.

Canaã era um padrão, uma sombra, assim como era o *shabat* semanal do verdadeiro "descanso" que Deus deseja oferecer ao povo sobrecarregado (o convite do próprio Cristo "Venham a mim, todos os que estão cansados e sobrecarregados, e eu lhes darei descanso" é seu cumprimento; Mt 11.28). Mas "aqueles a quem anteriormente as boas novas [i.e., o evangelho] foram pregadas não entraram, por causa da desobediência" (4.6). Pode acontecer novamente. "Temamos que algum de vocês pense que tenha falhado" (4.1). "Esforcemo-nos por entrar nesse descanso, para que ninguém venha a cair, seguindo aquele exemplo de desobediência" (4.11). Portanto, "apeguemo-nos com toda a firmeza à fé que professamos" (4.14).

Boa parte dessa linguagem ("cair", "apegar-se") é comum a outros autores do Novo Testamento. O alerta aos cristãos sobre o fato de tantas pessoas não conseguirem entrar em Canaã é usado também em outros textos (Paulo em 1Coríntios 10 e Judas). Não há, portanto, nada singular ou original aqui, embora a questão seja apresentada de forma mais clara e enfática.

A passagem a ser considerada a seguir, contudo, extrapola as outras (sendo reconhecida por defensores da teoria "uma vez salvo, salvo para sempre" como o maior "obstáculo" para sua argumentação). Praticamente no meio da carta, surge claramente o ponto central de toda a engrenagem. O texto contém as duas exortações mais severas de toda a carta, deixando claro o destino daqueles que renunciam sua fé em Cristo (6.1-12; nesse ponto, sugiro aos leitores que leiam toda a passagem). Dois pontos importantes precisam ser esclarecidos à medida que abordamos esse trecho controverso da carta.

Em primeiro lugar, a carta é destinada aos crentes, "aqueles que uma vez foram iluminados, provaram o dom celestial, tornaram-se participantes do Espírito Santo, experimentaram a bondade da palavra de Deus e os poderes da era que há de vir". A mesma descrição, em qualquer outro contexto, seria entendida como uma referência aos que experimentaram o novo nascimento. Expressões semelhantes de fato ocorrem em outros trechos (Bíblias com referências cruzadas citam Hb 10.32; Ef 2.8; Gl 3.2), onde não há dúvida quanto à sua aplicação. Beiram o ridículo as tentativas de aplicar essa descrição aos incrédulos (e.g. "provar não significa ingerir"; o que dizer sobre o convite "Provem, e vejam como o Senhor é bom"?). Na verdade, o contexto elimina todas essas racionalizações bizarras. A passagem inteira está dirigida às "crianças" espirituais, que ainda se alimentam de leite quando deveriam ser suficientemente maduras para ingerir alimento sólido (5.13-14; mais uma vez, as divisões dos capítulos destruíram todo o contexto). No entanto, essas pessoas nasceram, ou não seriam crianças. Portanto, não seria preciso "ensinar novamente os princípios", as necessidades de arrependimento, fé, batismo e o recebimento do dom do Espírito por meio da imposição de mãos, ou repetir a escatologia básica do evangelho, da ressurreição e do juízo eterno (6.1-2). Mesmo que não tenham amadurecido, essas pessoas tiveram iniciação completa e adequada. E são esses mesmos crentes que correm mais risco.

Segundo, o autor não está discutindo se eles podem perder sua salvação. Ele tem isso como certo! Está apenas considerando se, tendo perdido a salvação, seria possível que a recuperassem. Sua resposta é um categórico "não". Se caíram, "é impossível que sejam reconduzidos ao arrependimento" (6.6). É sua condição subjetiva ou seu pecado objetivo que exclui a possibilidade de arrependimento? Seria porque agora são incapazes de mudança ou porque não seriam aceitos por Deus mesmo se mudassem?

É a natureza de seu pecado que exclui a chance de recuperação, aquilo que foi feito a Cristo, e não o efeito que isso tem sobre eles. Recordando o contexto, o retorno dos crentes judeus à sinagoga envolveria sua pública dissociação de Cristo, pois eles se identificariam novamente com os que crucificaram Jesus, acrescentando assim à sua "desonra pública" (6.6). Não há recuperação para tal negação pública e afastamento da fé em Cristo. Foram muitas as tentativas para qualificar a permanência dessa "perda" (a *New International Version*, em uma nota de margem, acrescenta de forma injustificada que o arrependimento é algo impossível "enquanto" for mantida essa atitude). Os versículos seguintes, no entanto, confirmam o sentido óbvio.

Uma metáfora agrícola é usada a pretexto de ilustração. A terra que recebe chuva e produz uma colheita é abençoada. A terra que produz somente espinhos e cardos inúteis corre o risco de ser amaldiçoada. "Seu fim é ser queimada" (6.8, o mesmo destino dos ramos que não estão na videira e não produzem frutos, Jo 15.6). A bênção e a maldição não são inerentes à terra; ambas são conferidas por Deus. Ele espera receber o retorno frutífero daqueles sobre os quais derramou seu favor.

Para amenizar o choque que devem ter sentido os destinatários da carta, o autor acrescenta que "estamos [nós, seus colegas apostólicos] convictos de coisas melhores em relação a vocês" (6.9). Isso não deve ser visto, de forma alguma, como uma sugestão de que não pudesse acontecer a alguém. A confiança dele é limitada ao "caso" deles, e a palavra "convictos" é uma abreviação de "fomos persuadidos" (alguém teria relatado que a situação não era tão ruim como se temia?).

Seja como for, a exortação final do autor deixa claro que a segurança eterna deles repousa em suas próprias mãos. "Queremos que cada um de vocês mostre essa mesma prontidão [para o trabalho, o amor e a ajuda ao povo de Deus que haviam demonstrado anteriormente] até o fim, para que tenham a plena certeza da esperança [uma ideia que também encontraremos em 2Pedro], de modo que vocês não se tornem negligentes, mas imitem aqueles que, por meio da fé e da paciência, recebem a herança prometida" (6.11-12). Mais uma vez, a perseverança e a herança estão unidas de forma inseparável.

Estritamente falando, essa exortação trata apenas do pecado extremo de desonrar publicamente Cristo, renunciando a fé depositada nele, algo que muitos chamam de "apostasia". Passamos então à outra exortação que, de certa forma, é muito mais grave, pois não se refere a um pecado em particular, mas a todos os pecados, de forma geral!

A Nova Versão Internacional intitula toda a seção (10.19-31): "Um apelo à perseverança". Lá encontramos três exortações: "Aproximemo-nos com plena convicção de fé [...] Apeguemo-nos com firmeza à esperança que professamos [...] Não deixemos de reunir-nos como igreja".

Vem então a surpresa: "Se continuarmos a pecar [presente contínuo] deliberadamente depois que recebemos o conhecimento da verdade, já não resta sacrifício pelos pecados, mas tão-somente uma terrível expectativa de juízo e de fogo intenso que consumirá os inimigos de Deus" (10.26-27). É possível pensar que o autor esteja simplesmente afirmando que aqueles que ouviram o evangelho e o rejeitaram caminham para o inferno. Vemos que esse não é o sentido dado pelo autor quando estudamos mais atentamente. Não há nada em toda essa carta que seja dirigido a incrédulos. O pronome "nós" desses versículos é o mesmo dos versículos anteriores. O "conhecimento" da verdade, portanto, inclui uma experiência de salvação.

A intenção do autor de alertar os membros do povo de Deus é confirmada pelo paralelo que ele traça com a lei de Moisés, sob a qual um ofensor era executado "sem misericórdia". Quão mais severo será o castigo daquele que "pisou aos pés o Filho de Deus, que profanou o sangue da aliança pelo qual ele foi santificado [observe que isso pode apenas referir-se a alguém já "separado" pela aceitação do evangelho], e insultou o Espírito da graça?" (10.29). Essas fortes acusações estão reservadas aos santos que traem o seu chamado (cf. 6.6).

O autor reflete um vasto conhecimento do Antigo Testamento, sendo praticamente certo tratar-se de um "hebreu". Nesta seção, ele reflete sobre a lei de Moisés no livro de Levítico, em que muitos sacrifícios cobrem pecados "não intencionais". No entanto, o mesmo não acontece com os pecados "voluntários", planejados e executados de forma deliberada. Não é de se estranhar que ele conclua com: "Terrível coisa é cair nas mãos do Deus vivo!" (10.31; um versículo neutralizado de forma eficiente por muitos pregadores que acrescentam: "mas é ainda pior cair de suas mãos").

Segue uma exortação final: "Por isso, não abram mão da confiança que vocês têm; ela será ricamente recompensada. Vocês precisam perseverar, de modo que, quando tiverem feito a vontade de Deus, recebam o que ele prometeu" (10.35-36).

Então ele lida com a situação daqueles que não conseguem perseverar. "Mas o meu justo viverá pela fé [Hc 2.4, novamente, "fé" significa "fidelidade"]. E, se retroceder, não me agradarei dele" (10.38). Esse autor demonstra ter alguma experiência de navegação e faz uso de alguns termos náuticos: "âncora" (6.19), "desviar" (2.1) e, aqui, "retroceder", um termo náutico para o ato de baixar as velas, diminuir a velocidade do barco até que ele pare por completo, à mercê da maré e do vento sem uma âncora, correndo o risco de ser lançado contra as pedras. O autor tem em mente essa possibilidade e isso revela-se no versículo seguinte: "Nós, porém, não somos dos que retrocedem [baixam as velas] e são destruídos [naufragam], mas dos que creem e são salvos" (literalmente, "da fé para a posse da vida"). Observe que todo o texto se refere à mesma pessoa: "meu justo [...] se ele retroceder". Alguns tradutores espertos, que acreditam que um justo que vive pela fé não pode retroceder, alteraram "se [ele]" para "se alguém retroceder" (Theodore Beza, sucessor de Calvino, fez isso, veja o capítulo 4).

O significado do capítulo 10 de Hebreus é muito mais grave do que o do capítulo 6. *Qualquer pecado*, no qual se persiste voluntariamente após ele ter sido confessado e perdoado, é potencialmente perigoso. Sem perseverança moral, não pode haver herança.

Dessa seção fortemente negativa, a carta passa para o exemplo positivo, para a exortação e o encorajamento, embora o tom negativo ainda seja expresso ocasionalmente.

Elencando os heróis do povo de Israel, que em todas as situações demonstraram sua fé por meio de seus atos (assim como a carta de Tiago, Hebreus ensina que "a fé sem obras é morta"), sua perseverança é enfatizada: "Todos estes ainda viveram pela fé, e morreram sem receber o que tinha sido prometido" (11.13). Eles não viveram o suficiente para receber a herança prometida, mas morreram crendo que ela um dia seria deles, o que de fato acontecerá. No entanto, eles só serão aperfeiçoados juntamente com os crentes (11.40). Com tal nuvem (multidão) de testemunhas nos assistindo da arquibancada, "corramos com perseverança a corrida que nos é proposta", fixando nossos olhos não nos espectadores, mas em Jesus, na marca da chegada (12.1-2). Precisamos "pensar bem naquele que suportou tal oposição dos pecadores contra si mesmo, para que vocês não se cansem nem se desanimem" (12.3).

Embora grande parte da angústia desencorajadora venha de homens, parte dela virá de Deus, que disciplina e castiga seus verdadeiros filhos porque os ama e deseja que eles sejam o melhor que podem ser. A disciplina paterna produz um "fruto de justiça e paz" (12.11). Trata-se de um desafio à maturidade, um tempo para "fortalecer as mãos enfraquecidas e os joelhos vacilantes" (12.12); um chamado ao esforço "para serem santos; sem santidade ninguém verá o Senhor" (12.14).

Eis aqui a afirmação mais categórica do Novo Testamento quanto à absoluta necessidade de santidade, bem como de perdão, para que finalmente contemplemos o próprio Deus (cf. "Eles verão a sua face"; Ap 22.4). Esse versículo é suficiente para eliminar a visão Alfa de "uma vez salvo, salvo para sempre". Ele é imediatamente seguido pela terrível possibilidade de "excluir-se da graça de Deus" ao permitir que brote uma raiz de amargura. Esaú é um exemplo apropriado, pois perdeu a graça de Deus ao trocar sua "herança" futura pela satisfação imediata de suas necessidades físicas. Embora posteriormente tenha ficado cheio de arrependimento e remorso, ele não foi capaz de mudar a perspectiva que o conduziu à escolha errada.

Não observar uma admoestação terrena é arriscado, ignorar uma admoestação celestial é fatal (12.25). Não há como escapar dessas consequências. Estaria o autor afirmando aqui que sua carta é um alerta profético do próprio Deus? Ele lembra seus leitores que Deus não mudou desde o tempo de Moisés, que ele ainda é "fogo consumidor (12.29 citando Dt 4.24) e sempre deve ser adorado "com reverência e temor" (algo praticamente esquecido em muitos dos cultos casuais de hoje).

Essa "palavra de exortação" (13.22) é encerrada com uma série de instruções desarticuladas: não sejam levados pelo ensino falso, ofereçam continuamente o sacrifício de louvor, não se esqueçam de fazer o bem.

Qualquer pessoa que, sem parcialidade, leia essa epístola do começo ao fim pela primeira vez, seguramente concluirá que os crentes podem perder tudo o que encontraram em Cristo. Mesmo aqueles que creem na ideia do "uma vez salvo, salvo para sempre" precisam admitir que a epístola contém passagens "difíceis", que parecem contradizer sua teoria.

Suas explicações engenhosas para adaptar o texto bíblico ao seu ponto de vista invariavelmente cegam o fio dos alertas solenes, reduzindo ou até eliminando o temor de que se tornem realidade (veja as conclusões finais deste capítulo).

vii) Tiago – Essa carta muito prática, com afinidades com o livro de Provérbios e com o Sermão do Monte, parece ser endereçada aos crentes judeus na "Diáspora" (a dispersão).

Se cairmos em pecado quando formos tentados, não deveremos culpar Deus (que a ninguém tenta) nem o diabo. A causa raiz estará em nossos próprios desejos maus (1.12-16). Podemos ser atraídos e arrastados somente porque a tentação se apega a esses desejos. Coloca-se em movimento uma inevitável cadeia de causa e efeito. Quando o desejo concebe, o pecado nasce. Crescendo o pecado, por sua vez, dá à luz a morte. Observe que o pecado não é imediatamente fatal, mas sua consequência é definitiva. Não nos iludamos a esse respeito. O resultado final do pecado desenvolvido, mesmo nos crentes, é a "morte" (espiritual e não física, pois todos os corpos, inevitavelmente, morrerão).

Tiago, portanto, exorta seus leitores a que se livrem "de toda impureza moral [...] e aceitem humildemente a palavra implantada em vocês, a qual é poderosa para salvá-los" (1.21-22). Ele está pensando nos aspectos presentes e futuros do processo de salvação e não em seu início, no passado. Apenas ouvir essa palavra não surtirá efeito algum, mas colocá-la "em prática" fará toda a diferença (1.23-25).

Analisaremos mais uma vez a seção crucial a respeito da fé e das obras (no capítulo 5). Observamos brevemente que a fé não é algo que pensamos ou dizemos, mas que fazemos. A fé sem ações é tão morta quanto um cadáver, incapaz de salvar a si mesmo, muito menos a qualquer outro (2.14-16).

No último capítulo, lemos sobre o caso de um "irmão" que se desviou da verdade, merecendo novamente o epíteto de "pecador" (5.19-20). O irmão, crente, que trouxer essa ovelha de volta ao aprisco (cf. Mt 18.12-14) "fará que muitíssimos pecados sejam perdoados" e "salvará a vida dessa pessoa". Mais uma vez, o pecado em um crente pode levar à punição máxima se não for cuidado a tempo (cf. 1.15).

viii) 1Pedro – Não há nada nessa carta que se relacione diretamente com nosso tema. Isso não surpreende, pois trata-se de uma das primeiras cartas, escritas para recém-convertidos.

ix) 2Pedro – Essa carta é o exato oposto, visto que foi escrita muito depois, para a segunda geração de discípulos.

Eles são exortados a "consolidar o chamado e a eleição", os quais, em palavras simples, não estão garantidos sem a sua própria cooperação. Podem fazê-lo "empenhando-se" para suplementar sua fé com bondade, conhecimento, autocontrole, perseverança, piedade, amabilidade e amor fraternos. Isso não somente os tornará eficazes e produtivos nesta vida, mas garantirá que eles "jamais tropecem" e estejam "ricamente providos quando entrarem no Reino eterno de nosso Senhor e Salvador Jesus Cristo" (1.5-11). Ser chamado e eleito pelo Senhor significa a oportunidade de um lugar em seu reino, mas precisamos fazer a nossa parte para garantir esse lugar. É difícil imaginar que outra interpretação possa ser aplicada a essa passagem.

O Senhor fez tudo o que era possível para nos tornar aptos a herdar suas promessas, sem nos forçar a recebê-las contra nossa vontade. "Seu divino poder nos deu todas as coisas de que necessitamos para a vida e para a piedade" (1.3). Usar ou não usar tais recursos é nossa responsabilidade. Se decidirmos não usá-los, nosso chamado e nossa eleição não poderão ser garantidos.

Em uma passagem extraordinariamente paralela à carta de Judas (veja abaixo), os leitores são lembrados de que Deus nunca poupa o culpado, seja ele quem for, desde os anjos no céu até os habitantes de Sodoma e Gomorra (2.4-6). Ao mesmo tempo, ele foi capaz de "resgatar" o indivíduo piedoso (como Ló) da destruição coletiva.

O pano de fundo desses exemplos é a insinuação de que há um ensino deturpado nas igrejas, encorajando o mesmo tipo de conduta pelo qual Deus não poupou anjos e cidades. Os mestres em questão haviam estado entre os redimidos, mas retornaram ao seu antigo estilo de vida, seguramente justificando-o em termos de "liberdade" cristã, isenção da lei (tecnicamente conhecida como "antinomianismo" ou simples transgressão da lei). Eles são como "fontes sem água", que no passado fluíram e revigoraram aqueles que delas beberam.

Pedro faz algumas observações bastante importantes a respeito delas, que também podem se aplicar a quaisquer crentes que os seguem no erro. "Se, tendo escapado das contaminações do mundo por meio do conhecimento de nosso Senhor e Salvador Jesus Cristo, encontram-se novamente nelas enredados e por elas dominados, *estão em pior estado do que no princípio*. Teria sido melhor que não tivessem conhecido o caminho da justiça, do que, depois de o terem conhecido, voltarem as costas para o santo mandamento que lhes foi transmitido" (2.20-21). Como poderiam estar "em pior estado" se fosse verdadeira a afirmação "uma vez salvo, salvo para sempre"? Eles ainda estariam a caminho do céu, não estariam? Mesmo sem uma recompensa, certo? Não. Alguém que começou a caminhada cristã, mas retornou ao seu antigo modo de viver *está* em pior estado porque será julgado e punido com mais severidade do que aqueles que jamais conheceram esse "caminho da justiça". Deus é justo e a justiça exige que sejamos julgados pelo conhecimento que temos do certo e do errado. Os que jamais tiveram esse conhecimento serão tratados de forma mais leniente (cf. Lc 12.47-48).

Falsos mestres podem melhorar sua credibilidade citando a Bíblia e alegando explicar as passagens difíceis, principalmente das cartas de Paulo que "os ignorantes e instáveis torcem, como também o fazem com as demais Escrituras, para a própria destruição deles" (3.16). Observe que, no tempo em que 2Pedro foi escrita, as epístolas de Paulo já eram classificadas como "Escrituras", juntamente com o Antigo Testamento, e que alguns trechos delas já eram considerados "difíceis de entender"! A exortação final é apropriada: "Portanto, amados,

FUNDAMENTAÇÃO BÍBLICA

sabendo disso, guardem-se para que não sejam levados pelo erro dos que não têm princípios morais, nem *percam a sua firmeza e caiam*" (3.17).

x) Judas – Escrita por Judas, o meio-irmão mais jovem de Jesus, que, por motivos óbvios, preferiu a versão abreviada de seu nome, essa carta aborda uma situação muito semelhante à exposta em 2Pedro. Será que os dois discutiram o problema antes de escrever para seus respectivos rebanhos?

Judas também relembra os seus leitores que Deus não poupou anjos rebeldes ou cidades decadentes como Sodoma e Gomorra. No entanto, ele enfatiza a questão encabeçando sua lista de juízos com o lembrete de que "o Senhor libertou um povo do Egito, mas, posteriormente, destruiu os que não creram" (v. 5). Aqueles que haviam sido "libertos" foram "destruídos" antes que pudessem herdar a Terra Prometida. É a terceira vez que esse evento crítico da história do Antigo Testamento é usado como um alerta aos crentes do Novo Testamento (as outras são 1Co 10 e Hb 4).

Os falsos mestres estavam corrompendo o credo, a conduta, o caráter e a conversa da igreja. Alguns membros ainda tinham dúvidas a respeito do ensinamento deles, outros, porém, haviam se rendido. Era urgente "arrebatá-los do fogo" antes que fosse tarde demais (v. 23). Felizmente, um bom número havia discernido a invasão perigosa e divisora. Eles foram exortados a se manter no amor de Deus, edificando-se em sua santa fé pela oração no Espírito (v. 20-21) e, acima de tudo, olhando para "aquele que é poderoso para impedi-los de cair e para apresentá-los diante da sua glória sem mácula e com grande alegria" (v. 24).

xi) Apocalipse – Embora fosse de autoria do apóstolo João, o livro de Apocalipse não era estudado juntamente com os evangelhos e as cartas pois não expressa, de forma alguma, a opinião ou as lembranças de João. O conteúdo foi concedido por Deus a Jesus, que, por meio do Espírito Santo, o transmitiu aos anjos, que, por sua vez, o comunicaram a João. Enquanto definhava isolado em uma prisão, João recebeu uma série de imagens audiovisuais e foi instruído a escrever um registro completo de tudo o que via e ouvia, o que explica o estilo e o vocabulário muito diferentes (imagine tentar escrever um registro completo de um filme enquanto o assiste). João ficou tão absorto diante do que via e ouvia que 11 vezes precisou ser lembrado de que precisava registrar tudo.

É, acima de tudo, a "revelação [literalmente, o testemunho] de Jesus Cristo" (1.1), o mais próximo que ele chegou de escrever um livro ou uma carta. Aqui, não é a mente de João que é revelada, mas sim a de Jesus. João foi meramente seu amanuense (um secretário a quem uma carta é ditada, cf. Rm 16.22).

Essa é a forma *como* o livro veio a ser escrito, porém mais importante ainda é indagar *por que* foi escrito. A razão é extraordinariamente semelhante à que está por trás da carta aos Hebreus – perseguição iminente, dessa vez sobre as sete igrejas na Ásia. João está enfrentando o exílio "por causa da palavra de Deus e do testemunho de Jesus" (1.9). É praticamente certo que o livro tenha sido escrito no fim do primeiro século, quando Domiciano, que havia assumido o trono de Roma, ordenou que todos os cidadãos lhe oferecessem incenso e oração uma vez por ano, e declarassem: "César é Senhor". A data anual dessa adoração forçada sob ameaça de pena de morte era chamada "o Dia do Senhor", o mesmo dia em que o livro de "Apocalipse" foi concedido (em 1.10, "Senhor" é um adjetivo, não um substantivo; o artigo definido é enfático e o restante do Novo Testamento refere-se sempre ao domingo como "o primeiro dia da semana").

Com isso, os membros da Igreja primitiva enfrentaram seu maior teste de fidelidade a Jesus: negá-lo ou morrer por ele. Apocalipse foi escrito para prepará-los para essa crise futura, que as sete igrejas teriam de enfrentar sem a presença do único apóstolo sobrevivente dos dias em que Jesus esteve na terra.

Esse propósito é apresentado no trecho central do livro: "Aqui está a perseverança dos santos que obedecem aos mandamentos de Deus e permanecem fiéis a Jesus" (14.12). Significativamente, o chamado ocorre bem no meio do pior período futuro, "a Grande Tribulação", contradizendo o engano disseminado de que a Igreja será "arrebatada" ao céu antes que esse período tenha início.[5]

Os santos não são chamados apenas para "suportar", mas também para "vencer", assim como o Senhor, seu mestre, venceu (3.21). Essa palavra é a chave de todo o livro, aparecendo desde o início até o fim. Apocalipse foi escrito para crentes comuns (não para mestres de teologia!), e para um propósito muito prático: transformar crentes em vencedores. No entanto, além da oposição exterior, há tentações interiores a vencer. Transigências de fé e conduta dentro da Igreja devem ser vencidas primeiro, antes que as pressões da perseguição possam ser vencidas no mundo. Por isso as cartas às sete igrejas, tratando de sua condição presente, são concedidas antes das previsões das tribulações futuras.

O encorajamento positivo para vencer está no formato de recompensas prometidas: comer da árvore da vida no paraíso de Deus, reinar com Cristo, ser vestido de branco, não sofrer o dano da segunda morte etc. Entretanto, é comum presumirem e ensinarem que se trata da herança de todos os crentes, independentemente de serem ou não vitoriosos. Quer dizer, então, que Jesus está apenas lembrando-os do que eles receberão automaticamente? Pelo contrário, o sentido básico dessas recompensas prometidas é que elas serão concedidas *somente* aos crentes vencedores, aqueles que perseverarem na batalha e triunfarem sobre tudo o que possa lhes roubar seu futuro.

Isso confirma-se por duas afirmações em particular: "O vencedor [...] jamais apagarei o seu nome do livro da vida". Se a linguagem tem algum significado, a implicação é: quem não vencer, mas ceder, corre o risco de ter seu nome removido do livro. Observamos anteriormente (no capítulo 3) que nomes

---

[5] Para uma discussão completa sobre o tema e todas as outras questões importantes a respeito de Apocalipse, veja meu livro *When Jesus Returns* (1995).

podem ser "riscados" do Livro da Vida. Na verdade, pode-se afirmar que o objetivo principal de Apocalipse é preservar os nomes dos crentes naquele livro que será aberto no Dia do Juízo; todos aqueles cujos nomes não estiverem ali serão lançados no lago de fogo (20.15).

A outra afirmação está mais próxima do final do livro. Após o anúncio do novo céu e da nova terra, onde não haverá mais morte, nem tristeza, nem choro, nem dor (2.1-4), afirma-se claramente que "o vencedor herdará tudo isso [...] mas os covardes, os incrédulos, os depravados, os assassinos, os que cometem imoralidade sexual, os que praticam feitiçaria, os idólatras e todos os mentirosos — o lugar deles será no lago de fogo que arde com enxofre. Esta é a segunda morte" (21.7-8). Observe primeiramente que são os vencedores, e não os crentes, que herdarão e habitarão o universo recriado. A lista dos que são desqualificados e enviados para o inferno costuma ser desconsiderada, como se fosse uma referência a pecadores não salvos, mas esse é um erro básico. Todo o livro de Apocalipse é destinado aos membros crentes de sete igrejas. As cartas escritas a essas igrejas (Ap 2–3) revelam que a idolatria e a imoralidade já estavam corrompendo suas comunidades. E a iminente crise de morrer por Cristo ou negá-lo explica por que a covardia encabeça essa lista de delitos e a mentira a conclui.

Esse claro alerta de que os crentes transgressores acabarão no inferno vem dos lábios de Jesus e condiz com o fato de que a maioria de suas admoestações a respeito do inferno foram dirigidas a seus próprios discípulos (veja os comentários anteriores sobre o Evangelho de Mateus). Esse alerta tampouco é o último do livro de Apocalipse; há mais dois. "Nela [na "nova Jerusalém"] jamais entrará algo impuro, nem ninguém que pratique o que é vergonhoso ou enganoso" (21.27; essa última frase inclui a negação pública de Cristo?). "Fora ficam os cães, os que praticam feitiçaria, os que cometem imoralidades sexuais, os assassinos, os idólatras e todos os que amam e praticam a mentira" (22.15). Pedro também usou termos semelhantes para

FUNDAMENTAÇÃO BÍBLICA

referir-se a um crente que retornou a seu antigo estilo de vida corrupto: "O cão voltou ao seu vômito" (2Pe 2.22).

O último versículo desse livro e, na verdade, de toda a Bíblia, é uma última referência à possibilidade de perder a herança futura. "Se alguém tirar alguma palavra deste livro de profecia, Deus tirará dele a sua parte na árvore da vida e na cidade santa, que são descritas neste livro" (22.19). É uma palavra aos crentes. Considerando que os incrédulos são mais propensos a ignorar esse livro do que a adulterá-lo, a palavra "tirar" só pode ser aplicada a alguém que já teve participação nele. Com essa inequívoca "última palavra" encerramos nosso estudo das Escrituras.

Há um padrão consistente tanto no Antigo quanto no Novo Testamento, encontrado em todos os autores e na maioria dos livros do Novo. É um formidável conjunto de evidências, impossível de ignorar. Aqueles, portanto, que discordam de nossos achados precisam oferecer uma "explicação". Na realidade, duas linhas de raciocínio são apresentadas, para lançar uma luz muito diferente em todos esses textos, uma bastante simples e a outra, muito sutil.

A "explicação" *simples* é que essas admoestações são, na verdade, dirigidas a incrédulos que enganam a si mesmos e a outros declarando-se crentes de fato. Em outras palavras, o risco de perder a salvação destina-se somente àqueles que, na verdade, jamais a tiveram! Não são "regenerados", nunca experimentaram o "novo nascimento".

Isso pressupõe que a Igreja primitiva era tão repleta de cristãos "nominais" e "professos" como a Igreja de hoje. No entanto, a distinção entre a Igreja mista "visível" (composta de crentes e incrédulos) e a pura Igreja "invisível" (composta somente de crentes nascidos de novo) é uma racionalização posterior, da qual não há traço no Novo Testamento. Costuma-se apelar ao trigo e joio que crescem lado a lado, mas Jesus deixa claro que o "campo" em que eles crescem é "o mundo" e não a Igreja (Mt 13.38).

Fato é que nenhum contexto contém a mais leve indicação

de que essas admoestações eram dirigidas aos "não regenerados" ou destinavam-se a expô-los. Todos os livros do Novo Testamento, com a exceção de três, foram escritos para aqueles que haviam encontrado "o Caminho" e começavam a percorrê-lo.

Essa solução simples para todas essas "passagens-problema" atrai os que buscam um caminho fácil para desconsiderá-las e ignorá-las. A maioria dos que encaram com seriedade o estudo das Escrituras admite que elas são dirigidas aos santos e não aos pecadores. Esses estudiosos oferecem um argumento muito mais sofisticado e um tanto alarmante.

A "explicação" *sutil* é que todas essas admoestações são hipotéticas. Os perigos jamais poderiam se concretizar de fato. Os alertas são "existenciais". Têm efeito no presente, mesmo que não tenham realidade futura.

Em outras palavras, Deus profere essas admoestações com o intuito de nos atemorizar à perseverança, apesar de saber que ele jamais nos rejeitaria. Alguns vão ainda além e afirmam que todos os verdadeiramente regenerados atentarão para essas palavras, portanto nenhum deles poderá se perder. Logo, esses alertas desempenham um papel essencial na "perseverança dos santos".

O único problema com essa solução é que ela torna Deus um mentiroso! Ele estaria usando ameaças irreais para nos atemorizar rumo à santidade. Além disso, quando se percebe que a ameaça jamais se concretizaria, a admoestação perde muito de sua força. É como se os santos precisassem saber que podem perder a salvação, mesmo que isso não seja possível, de fato!

Tanto a explicação simples quanto a sutil baseiam-se num monumental engano, humano em um caso e divino no outro. O leitor deve decidir se o Deus da verdade permitiria tais ambiguidades em sua Palavra. Preferivelmente, devemos presumir que ele é sincero em suas palavras e fala daquilo em que acredita.

Analisamos a maneira *como* muitos tentam, por meio de explicações, minimizar as evidências que revelamos. Uma

FUNDAMENTAÇÃO BÍBLICA

pergunta ainda mais interessante e importante é *por que* tentam fazê-lo. Além da resposta óbvia (quem gostaria de ouvir que pode perder sua salvação?), é preciso reconhecer que a afirmação "uma vez salvo, salvo para sempre" é uma convicção firmemente defendida, considerada um elemento da ortodoxia cristã, verdadeira para grande parcela da Igreja durante boa parte de sua história. É difícil aceitar que tantos pudessem estar enganados. É preciso ter coragem para questionar a tradição, mas é a verdade que liberta.

Agora, voltaremos nossa atenção para essa história.

4 TRADIÇÕES HISTÓRICAS

Qualquer pessoa pode facilmente declarar que sua doutrina está fundamentada na Bíblia, mas trata-se de algo bastante difícil de ser comprovado na prática. Somos todos influenciados, positiva ou negativamente pelas diversas correntes de pensamento ao longo dos vinte séculos da história da Igreja. A verdade de Deus, quando transmitida de uma geração a outra, é facilmente contaminada pelas tradições dos homens.

A ideia "uma vez salvo, salvo para sempre" tem sua própria história. Há quanto tempo ela é debatida? A maioria das pessoas presume que a controvérsia sobre o tema exista há aproximadamente quatrocentos anos somente. Isso acontece porque os dois lados do debate foram identificados como calvinistas (não é possível perder a salvação) e arminianos (é possível perder a salvação), rótulos que se baseiam nos nomes de dois homens que viveram no século 16. Na realidade, veremos que as raízes de "uma vez salvo, salvo para sempre" podem ser encontradas mil anos antes deles.

No entanto, precisamos retroceder um pouco antes desse tempo e voltar aos primeiros séculos de expansão sob a influência dos "Pais da Igreja", ao chamado "período patrístico". Nos documentos que resistiram ao tempo, não se encontra debate sobre a afirmação "uma vez salvo, salvo para sempre". É evidente que não se tratava de um tema discutido entre eles. Há, contudo, algumas evidências indiretas de qual linha eles teriam seguido caso o tema surgisse.

Em primeiro lugar, havia a questão do *batismo*. Eles partilhavam com os apóstolos da crença na eficácia do sacramento para a purificação dos pecados (cf. At 2.38; 22.16; Ef 5.26; 1Pe 3.21; o Credo Niceno, de 325 d.C., reconhecia "um só batismo para a remissão de pecados"). Começou-se a questionar, então, como purificar os pecados que eram cometidos após o batismo. Algumas pessoas, por conta disso, escolhiam adiar o batismo o máximo possível, às vezes até bem próximo da morte iminente (o imperador Constantino foi um deles). "Morrer em estado de graça" passou a ser importante. Nesse contexto, surge a distinção entre pecados "mortais" (que, após o batismo, não poderiam ser perdoados) e pecados "veniais" (que poderiam ser perdoados). Em outras palavras, alguns pecados eram suficientemente graves para anular o batismo e, consequentemente, levar à perda da salvação. Visto que o batismo não poderia ser repetido, a perda era irrecuperável.

Segundo, a *perseguição* era um fato. Durante os seus primeiros trezentos anos, a Igreja esteve sujeita a ondas de hostilidade oficial, que produziram "um nobre exército de mártires". Na prática, o efeito alcançado pela perseguição foi o oposto do desejado: a Igreja cresceu rapidamente e difundiu-se ainda mais. Na verdade, "o sangue dos mártires foi a semente da Igreja". Nem todos, contudo, foram "fiéis até a morte". Diante da pressão da tortura e da ameaça de execução, alguns negaram seu Senhor e renunciaram sua fé. A consequência disso foi um problema real: assim que a onda de perseguição perdia força, os que haviam cometido tal "apostasia" demonstravam o desejo de retomar seu compromisso cristão.

A Igreja primitiva praticava a disciplina, de acordo com o Novo Testamento. Isso envolvia a admissão e também a exclusão da comunidade, particularmente da "mesa do Senhor". Tanto o pecado mortal após o batismo quanto a apostasia pública sob perseguição eram justificativas para a disciplina severa da "exclusão". Nos dois casos, a Igreja ficava muitas vezes dividida quanto à possibilidade de arrependimento e de restauração.

É bastante significativo que não se cogitasse em nenhum momento que alguém que tivesse cometido um pecado mortal após o batismo ou negado sua fé sob pressão, na verdade, jamais tinha experimentado o verdadeiro "novo nascimento". Havia um consenso sobre o fato de essa pessoa ter perdido a salvação e deixado de fazer parte do povo escolhido de Deus.

Tudo isso mudaria no século 5º. Na ocasião, o imperador Constantino havia professado o cristianismo, que se tornara a religião "oficial" do império, excluindo todas as outras, inclusive a fé judaica. Os perseguidos haviam se tornado perseguidores! Foram erguidos edifícios magníficos para o culto cristão. A Igreja havia dominado o mundo ou, pelo menos, assim parecia.

Na realidade, o mundo havia dominado a Igreja, trazendo para seu interior os títulos e a pompa do império, que, por sua vez, estava em grave declínio e prestes a ruir para sempre.

O monasticismo surgiu como um protesto contra a queda dos padrões de vida moral e espiritual. A princípio como eremitas e, posteriormente, em comunidades, os monges buscavam restaurar o "cristianismo primitivo" presente nos ensinamentos de Jesus.

Com esse cenário ao fundo, podemos entender o embate teológico travado por dois cristãos, embora sua divergência decorresse de preocupações éticas.

Agostinho e Pelágio

Pelágio foi um monge britânico que chegou a Roma por volta de 400 d.C. e ficou horrorizado com a conduta displicente encontrada nas igrejas. Era ortodoxo em suas crenças (um de seus textos intitulava-se *Fé na Trindade*). Sua preocupação com a moralidade o levou a denunciar a substituição das observâncias sacramentais em lugar da santidade. Tal atitude tornava o pecado inevitável.

Pelágio pregava um evangelho de "justificação *somente* pela fé" (ele foi o primeiro a acrescentar a palavra "somente" à frase de Paulo, seguido posteriormente por Martinho Lutero). A graça vem a nós primeiramente na forma de revelação, iluminando nossas mentes para que compreendamos como Deus espera que vivamos (particularmente através do ensino e do exemplo de Jesus). A graça não nos mostra o caminho apenas; a graça nos oferece o poder para percorrê-lo.

Mas, a partir desse ponto, depende de nós. Pelágio colocava grande ênfase na responsabilidade moral e em seus resultados: enaltecimento ou culpa, recompensa ou castigo. Ele ensinava que Deus não exige de nós nada que seja impossível, nem mesmo a perfeição. Por meio de um esforço determinado, podemos e devemos ser santos.

Aceitar o pecado como inevitável, mesmo nos crentes, é falta de fé e fraqueza de vontade. Ele havia lido *Confissões*, de Agostinho, e considerava o livro fatalista e derrotista, com uma visão pessimista da natureza humana. Podemos ser santos – se assim decidirmos ser e se determinarmos em nossa mente e vontade que seja assim.

É fácil ver como e por que Pelágio equivocou-se em sua reflexão. Em seu profundo desejo de ver uma Igreja santa como resultado de seu encorajamento aos membros para dedicarem um esforço moral, ele desenvolveu uma visão excessivamente elevada da força de vontade humana, embora considerasse a autodeterminação uma dádiva da graça, igualmente concedida a todos, crentes e incrédulos. Cada pessoa tem a escolha de ser justa e de fazer o que é certo.

Isso envolvia uma negação do pecado "original" (i.e., herdado). Ele acreditava que todos nós nascemos inocentes como Adão e, como ele, somos livres para escolher o bem ou o mal. Não há corrupção herdada do mundo criado ou sequer inclinação para o pecado. Pelágio ensinava a bondade inerente do mundo criado e das pessoas que nele existem. Assim, negando a queda, ele excluía a necessidade de expiação ou regeneração. Bastava que os seres humanos soubessem o que é certo e recebessem auxílio para agir de acordo.

Foi um duro golpe na prática do batismo infantil, até então adotado universalmente como um ato para a remoção da culpa herdada de Adão (e, portanto, para a salvação do bebê, cujo destino seria o inferno). Pelágio acreditava que o batismo deveria ser uma escolha voluntária de crentes responsáveis.

O efeito mais grave de sua ênfase, contudo, foi encorajar a noção da salvação pelas obras e não pela graça, por meio da fé. A ideia de que podemos salvar a nós mesmos por nossos próprios esforços morais é comum à maioria das outras religiões e particularmente aceita pelos britânicos, conterrâneos do próprio Pelágio, que enxergam o cristianismo como "a religião das boas obras". O orgulho humano é preservado por essa visão otimista da nossa habilidade.

Acredita-se que Pelágio não tenha sido o único culpado por essa perversão do evangelho. Quando Roma foi saqueada, ele dirigiu-se à Sicília e, em seguida, ao norte da África e, finalmente, à Palestina, onde foi julgado por heresia em dois sínodos, mas inocentado de todas as acusações. Renegou um de seus colegas, Celéstio, por levar seu ensino além dos limites da ortodoxia.

Entra em cena Agostinho, bispo de Hipona, em Cartago, norte da África, que se recusou a separar Pelágio de Celéstio e empenhou-se muito, durante um longo tempo, para que ambos fossem condenados como hereges.

Um acadêmico clássico, Agostinho havia absorvido a separação dualista de corpo e alma, carne e espírito, presentes no platonismo e no maniqueísmo. Suas primeiras lutas contra a promiscuidade bem como sua repentina conversão em Milão produziram nele uma visão muito elevada da graça e muito inferiorizada da natureza humana, que, desde a queda, seria depravada a ponto de ser absolutamente incapaz de fazer escolhas corretas.

É possível imaginar a reação de Agostinho diante do ensino de Pelágio. Ele ficou horrorizado que o pecado original fosse negado e sua cura por meio do batismo infantil fosse descartada, que o perdão tratasse somente de pecados passados e não futuros, que a perfeição fosse uma possibilidade verdadeira neste mundo e, acima de tudo, que a graça fosse vista meramente como um auxílio que nos capacita a ser santos. Agostinho considerou o ensino de Pelágio como "humanista" e "moralista", em nada superior ao de um filósofo pagão.

Sua reação extrapolou os limites. Opondo-se à ideia de que o homem poderia fazer tudo corretamente, ele foi ao extremo oposto, afirmando que não há nada que o homem seja capaz de fazer corretamente. Ele é incapaz de escolher o que é bom, muito menos a salvação. Tudo depende de Deus, que escolhe sozinho os que devem ou não devem ser salvos (isso levou Agostinho a negar que Deus deseja que todos sejam salvos, como lemos em 1Tm 2.4!). Seu decreto predestinatório decide a quem será dada a chance do arrependimento e da fé. Não é possível resistir a essa graça ou recusá-la, pois ela é exercida pelo Deus onipotente. Em sua sabedoria inescrutável, ele determinou quantos seriam salvos, uma cota fixa; e nada se pode fazer para evitar seu cumprimento.

Não é de estranhar, portanto, que Agostinho, crendo em um Deus que faz com que as pessoas creiam, também defendesse uma conversão imposta (ele usa o texto "Obrigue-os a entrar", de Lucas 14.23 como justificativa), uma política que teria repercussões desastrosas nos séculos seguintes (a Inquisição foi apenas uma delas).

Suas acusações contra Pelágio não foram imediatamente aceitas por toda a Igreja. Um grupo de bispos italianos liderado por Juliano defendeu Pelágio contra Agostinho durante certo tempo. Eles rejeitavam a perspectiva de Agostinho a respeito da predestinação, por implicar um Deus injusto em sua seleção arbitrária de alguns para a salvação e outros para a perdição, independentemente de algo que tivessem em si. Eles também se opunham ao seu "maniqueísmo incurável", que condenava o ato sexual como pecaminoso, mesmo entre crentes casados (pois propagava o pecado original!).

No longo prazo, Agostinho revelou-se um páreo mais duro. Convenceu o papa Inocêncio I a concordar com seu diagnóstico, e, em 431, o Concílio de Éfeso condenou Celéstio por heresia (e, por implicação, seu mestre, Pelágio).

No entanto, muitos estavam insatisfeitos com os extremos do pelagianismo e do agostinismo. Certo movimento monástico, principalmente no sul da Gália (i.e., França), buscava resgatar um equilíbrio mais bíblico. Eles temiam que o fatalismo implicado na predestinação absoluta resultaria em letargia moral e espiritual, tornando praticamente inúteis o evangelismo do pecador e a exortação aos santos.

Ratificavam o pecado original e a absoluta necessidade da graça para a salvação. No entanto, o livre-arbítrio não foi completamente destruído pelo pecado e a escolha ocupa o centro da responsabilidade moral, sem a qual o juízo é uma farsa. O "início da fé" é um ato da vontade humana, auxiliado instantaneamente pela graça. A apropriação inicial e contínua da graça é fruto da decisão humana. Fundamentados nessa premissa básica, eles criticavam o ensino de Agostinho sobre a predestinação rígida, a graça irresistível e a perseverança infalível. A noção que tinham da predestinação fundamentava-se na presciência divina: Deus sabe de antemão os que virão a crer e os escolhe ("elege") para que sejam salvos.

A espada de Agostinho era sua caneta. Em oposição a essas críticas ele escreveu muitos livros: *A graça e o livre-arbítrio*, *Correção e Graça*, *A predestinação dos santos* e *O dom da perseverança*. Não seria injustiça afirmar que essa controvérsia foi a matriz que deu origem à afirmação "uma vez salvo, salvo para sempre".

A personalidade arrebatada de Agostinho e sua escrita prolífica prevaleceram e os monges franceses foram reprimidos no segundo Concílio de Orange, alguns anos depois. Suas visões não desapareceram por completo, emergindo novamente entre os jesuítas. Por volta do século 16, os monges haviam sido rotulados de "semipelagianos", por ninguém menos que os luteranos – uma jogada tática brilhante para selar seu destino – embora, do ponto de vista teológico, deveriam ter sido chamados de "semiagostinianos", pois seu pensamento era muito mais próximo ao dele.

O agostinismo tornou-se a principal perspectiva da Igreja durante a Idade Média e foi perpetuado, surpreendentemente, pelos reformadores protestantes, que, ao defendê-lo, garantiram sua influência até os dias de hoje. Há 1500 anos, portanto, a afirmação "uma vez salvo, salvo para sempre" tem se mantido de forma contínua, embora não incontestável. É pouco provável que seja facilmente ou rapidamente abandonada.

UMA VEZ SALVO, SALVO PARA SEMPRE?

Lutero e Erasmo

Erasmo de Roterdã desejava reformar a Igreja suplantando a ignorância por meio do conhecimento. Educado pela congregação dos Irmãos da Vida Comum, viveu seis anos como monge em Paris e visitou Thomas More na Inglaterra. Foi ali que começou a traduzir o Novo Testamento do original em grego, na busca por um conhecimento mais preciso das Escrituras.

Ridicularizava tanto humanistas quanto clérigos, satirizava políticos e advogados. No entanto, aplicava os princípios humanistas às questões eclesiásticas. Seu objetivo era resgatar a verdade e a bondade do cristianismo "primitivo" (i.e., Novo Testamento).

A princípio, foi um apoiador de Martinho Lutero, o reformador protestante alemão. No entanto, após o famoso debate em Leipzig, Erasmo percebeu que as visões agostinianas a respeito da soberania divina defendidas por Lutero excluíam o exercício do livre-arbítrio do homem. Daquele ponto em diante, Erasmo tornou-se um crítico da Reforma, escrevendo a *Dissertação sobre o livre-arbítrio* (1524), obra na qual atacava a "vontade cativa" de Lutero.

A resposta de Lutero foi uma de suas obras mais conhecidas: *Da vontade cativa*, mais agostiniana do que Agostinho e mais calvinista do que Calvino! Seu objetivo era determinar o tom para o pensamento dos principais reformadores protestantes, exceto para os anabatistas "de esquerda".

Lutero viera da ordem agostiniana Eremitas de Erfurt, embora seus mestres fossem "semipelagianos" (ensinavam que o livre-arbítrio, pela decisão de crer, dava início à salvação). Sua conversão dramática e inesperada, no entanto, o levou a acreditar que a salvação dependia exclusivamente da onipotente vontade divina. O homem é completamente desprovido de qualquer liberdade de escolha na esfera espiritual. A doutrina fundamental de Lutero da "justificação somente pela fé" (frase primeiramente cunhada por Pelágio!) é mais bem resumida em suas próprias palavras: "O pecador, depravado e morto em pecado, nada contribui para sua justificação, conversão ou salvação por vontade ou interesses ou obras ou melhores esforços próprios".

Lutero se aprofundou de tal forma na justificação que foi um tanto ambíguo a respeito da santificação. Sua ênfase na "fé *somente*" o impedia de ver algum espaço para "obras" na vida cristã. Daí sua aversão à epístola de Tiago, chamada por ele de "epístola de palha", pois ela afirmava: "Vejam que uma pessoa é justificada por obras, e não apenas pela fé" (Tg 2.24).

Ele jamais abordou a ideia "uma vez salvo, salvo para sempre", mas podemos deduzir sua posição graças a uma interessante correspondência mantida com um de seus colegas teólogos, Filipe Melâncton, que compilou a Confissão de Augsburgo para as igrejas luteranas. Melâncton foi mais fiel à Bíblia ao afirmar: "Só a fé salva, mas a fé que salva não está só". Ele percebeu que há "obras da fé", que a fé resulta em ação prática, em boas obras.

Lutero respondeu a isso em uma carta extraordinária, declarando que "é suficiente que reconheçamos [...] o cordeiro que leva os pecados do mundo; disso o pecado não nos separa, mesmo se milhares e milhares de vezes em um dia cometamos fornicação ou assassinato"! Com essa evidência, podemos concluir que Lutero defendia a visão Alfa de "uma vez salvo, salvo para sempre" (veja o capítulo 1).

Essa diferença produziu certa divisão na reforma luterana. No entanto, uma cisão entre os seguidores de Lutero e os seguidores de Melâncton foi evitada com a assinatura da Fórmula de Concórdia, em 1577. Ela praticamente atestou a posição de Lutero sobre a predestinação e a negação do livre-arbítrio, mantendo a ênfase luterana na justificação e não na santificação como a essência da salvação.

Calvino e Armínio

João Calvino, um advogado francês, produziu sua obra de arte *Institutas da Religião Cristã* aos 24 anos de idade, embora ela tenha passado por várias revisões em anos posteriores.

O abrangente estudo teológico foi chamado de "agostinismo

sistemático". A obra certamente revela um profundo compromisso de Calvino com o bispo norte-africano, embora um período de mil anos separe os dois. Encontramos em Calvino os mesmos destaques à soberania de Deus, à sua vontade inescrutável, à sua eleição predestinadora e à sua graça irresistível. Calvino, contudo, divergia de seu mentor de duas formas.

Em primeiro lugar, ele acreditava firmemente que Jesus morreu para expiar os pecados de todo o mundo e não apenas dos "eleitos". Em seu comentário sobre Marcos, escreveu: "É incontestável que Cristo veio para a expiação dos pecados de todo o mundo".

Segundo, ele de fato parece aberto à possibilidade de o crente perder a salvação. Considere essa afirmação em sua obra *Institutas*: "Ainda assim, nossa redenção seria imperfeita se ele não nos *conduzisse* sempre rumo ao alvo final de nossa salvação. Portanto, quando dele nos afastamos, mesmo que brevemente, nossa salvação, que nele jaz firmemente, gradualmente desaparece. Como resultado, todos os que não *descansam* nele *voluntariamente* privam a si mesmos de toda a graça" (a ênfase é do próprio Calvino).

Obviamente, nem tudo que leva o nome *calvinismo* deriva do próprio Calvino, e isso é um insulto ao seu nome e à sua reputação. Na verdade, a aplicação mais tacanha de seus princípios deve-se mais a seu sucessor em Genebra, Theodore Beza. Esse reformador da segunda geração ignorou os pontos em que Calvino divergia de Agostinho e restituiu a "expiação limitada" e a "perseverança dos santos", que se tornou amplamente conhecida como "teologia reformada". Trata-se de um exemplo típico em que um pupilo é mais rigoroso que seu mestre. Beza levou a extremos as deduções lógicas, chegando a afirmar que Deus provavelmente decretou quem deveria ser salvo antes mesmo que alguém precisasse ser salvo, ou seja, antes da queda (essa posição é conhecida como "supralapsarianismo" para os que se interessam por especulação teológica!). A influência de Beza difundiu-se amplamente, particularmente no norte da Europa.

Os conhecidos cinco pontos do calvinismo estrito foram

formulados na Holanda, como uma reação ao ensino do holandês Jacob (James) Armínio. Presume-se de forma ampla e equivocada que Armínio era um oponente de Calvino (na verdade, ele tinha apenas quatro anos quando Calvino morreu). Ele foi, de fato, a Genebra como um aluno de teologia, mas foi instruído por Beza, a cujas visões inflexíveis ele mais tarde se opôs, especialmente quando Beza alterou o texto das Escrituras para adaptá-las à sua perspectiva (Hebreus 10.28 é um exemplo em que Beza alterou "ele" para "qualquer homem", de modo que o "homem justo" não fosse capaz de retroceder à destruição).

Quando retornou ao seu país natal, depois de ter estudado na Basileia e em Genebra, Armínio tornou-se professor em Leiden. Ali, procurou neutralizar o que entendia como uma influência perniciosa de Beza.

Começando com a predestinação, ele praticamente inverteu eleição e graça. A escolha de Deus, ensinava Armínio, baseava-se na presciência. Ele decreta que salvará todo aquele que se arrepender, crer e perseverar. Saber de antemão quem o fará lhe permite predestiná-los para a glória.

A graça é acessível universalmente, mas nem todos se beneficiarão dela. A graça precedente, que toma a iniciativa na salvação, oferece aos seres humanos a oportunidade de aceitar ou rejeitar, mas nunca os obriga a fazer a escolha certa (ou errada). Na salvação, portanto, a vontade do homem coopera com a vontade de Deus.

Essa cooperação precisa prosseguir para que a plena salvação se complete. Portanto, é possível cair da graça total e definitivamente.

O ponto central desse pensamento era que a graça de Deus não é irresistível e pode ser recusada, antes ou depois de tornar-se crente. A graça nunca é imposta a ninguém, mas depende de uma resposta para que se torne efetiva.

Ao longo de sua vida, Armínio jamais se opôs diretamente a essas perspectivas. Afirma-se, na verdade, que ninguém ousaria atacar homem tão santo e com tão piedosa conduta. Em seu posicionamento oficial, ele foi publicamente questionado e uma de suas respostas é esclarecedora: "Afirmo aqui aberta e francamente que jamais ensinei que um crente pode afastar-se totalmente ou definitivamente da fé e perecer". Mas, então, ele definiu um "crente verdadeiro" como alguém que continua crendo até o fim (Calvino também distinguia entre a fé "temporária" e a "verdadeira", sendo somente a segunda delas a fé "salvadora").

Como Calvino, ele sofreu com alguns de seus sucessores (Grócio atacava a teoria da substituição penal da expiação e Episcópio atribuía a divindade ao Pai, mas não ao Filho e ao Espírito). A disseminação de seus próprios ensinamentos, entretanto, tornou-se uma ameaça à Igreja "reformada". Apenas um ano após sua morte, seus seguidores protestaram contra o tipo de calvinismo defendido por Beza e ficaram conhecidos como Irmandade Remonstrante e seu movimento como Remonstrância.

Em 1618, o Sínodo de Dort foi convocado para lidar com a crise, praticamente uma convulsão nacional. Os remonstrantes foram acusados de semipelagianismo, um truque sutil de "culpa por associação", associando Armínio a Pelágio e aos que haviam criticado Agostinho. Eles foram acusados de destruir as doutrinas da expiação (a justiça não permite que o pecado seja punido duas vezes; se Cristo morreu por todos os pecados, então o homem não pode ser lançado no inferno por causa desses pecados, portanto Jesus só pode ter "pagado" os pecados dos eleitos) e a da certeza da salvação (ninguém poderia jamais estar certo da salvação definitiva).

Para neutralizar as cinco "teses" de Armínio, o Sínodo formulou esses cinco pontos:

>Depravação **total**
>Eleição **única**
>Expiação **limitada**
>Graça **irresistível**
>**Perseverança** dos santos

Deve-se observar que, na língua inglesa, as letras iniciais

desses cinco pontos formam a palavra T-U-L-I-P (tulipa), facilitando assim que fossem memorizados. A palavra também é um termo apropriado para um produto exportado da Holanda, famosa por seus campos de tulipas! Ministros da Holanda, França e, posteriormente, África do Sul foram forçados a assinar essa lista. Muitos dos que se recusaram a fazê-lo foram destituídos de seu ofício e exilados. As obras de Armínio foram censuradas e até hoje são virtualmente desconhecidas em seu próprio país, como descobri recentemente, quando estive em uma conferência de pastores em Soest, Alemanha.

A formulação dos cinco pontos do calvinismo, no Sínodo de Dort, desempenhou um papel fundamental na Assembleia de Westminster, de 1646, convocada para elaborar um credo confessional que pudesse unir as igrejas da Inglaterra e da Escócia. Mais próximo da visão de Beza do que de Calvino, o credo enfatizava a dupla predestinação (i.e., dos salvos e dos perdidos) e estabelecia como dogma a perseverança dos santos. A consequente Confissão de Westminster não foi adotada pela Igreja Anglicana da Inglaterra, apenas pela Igreja Anglicana da Escócia (onde a visão "sabatista" do domingo na confissão teve profundo efeito social). No entanto, a maioria dos teólogos puritanos ingleses mantiveram uma teologia estritamente calvinista, com a notável exceção de Goodwin.

A Igreja Anglicana, tipicamente, concordou com um compromisso, que foi chamado algumas vezes de "calvinismo moderado". Os Trinta e Nove Artigos, aos quais todo o clero deveria aderir, contêm a seguinte afirmação, relevante à nossa discussão da ideia "uma vez salvo, salvo para sempre".

Nem todo pecado mortal cometido voluntariamente após o batismo é pecado contra o Espírito Santo e, portanto, imperdoável. Desse modo, a concessão de arrependimento não deve ser negada aos que caem em pecado após o batismo. Depois de recebermos o Espírito Santo, é possível que nos afastemos da graça concedida, e pela graça de Deus podemos nos erguer novamente e corrigir nossas vidas.

Embora conclua com uma esperança otimista de restauração, esse artigo prevê claramente tanto a possibilidade do pecado imperdoável por parte de quem já foi batizado quanto o fracasso em "erguer-se" de outros pecados mais graves (observe o "podemos" em vez do "devemos"). Nesse ponto, aparentemente, a ortodoxia anglicana é arminiana. Alguns afirmariam que os termos usados são ambíguos.

As duas posições, agora infelizmente atadas aos rótulos "calvinista" e "arminiana", uma injustiça a ambos os senhores, refletem-se em correntes posteriores da prática das Igrejas livres [não denominacionais] da Inglaterra. Os Batistas Gerais e os Particulares (às vezes até Rigorosos e Particulares) são um bom exemplo.

Whitefield e Wesley

A diferença tornou-se mais evidente durante o avivamento do século 18, quando George Whitefield e John Wesley tomaram lados opostos a respeito da noção "uma vez salvo, salvo para sempre". Ambos haviam pertencido ao mesmo "clube metodista" em Oxford e ministrado juntos, pregando o evangelho nas ruas, aos mineiros de Bristol. Seus caminhos, contudo, divergiram exatamente em razão dessa questão. Wesley foi rotulado de arminiano, embora afirmasse que sua maior ênfase na absoluta necessidade da graça divina para a salvação o deixava "a um fio de cabelo de distância" do calvinismo! Não era exatamente assim, contudo, pois seus próprios sermões e os cânticos de Charles Wesley, seu irmão (veja o Epílogo), ensinavam claramente que "uma alma perdoada poderia cair da graça". Sua convicção de que Deus havia suscitado o metodismo "a fim de difundir a santidade bíblica por toda a terra" tinha uma ligação com isso. Para Wesley, a santificação era tão necessária quanto a justificação para "chegar em segurança ao lugar celestial". Ele escreveu e falou duramente contra o que entendia como o perigo insidioso da falsa segurança e da complacência moral. Opôs-se a Whitefield, Toplady (autor do hino *Rock of Ages*) e à Condessa de Huntingdon (que teve sua própria universidade e uma "conexão de igrejas").

Evangelistas posteriores defenderam opiniões divergentes. Nos Estados Unidos, Jonathan Edwards era calvinista, Dwight L. Moody, arminiano.

E hoje? É provável que a maioria daqueles que se declaram evangélicos concorde com a afirmação "uma vez salvo, salvo para sempre". Não deve passar despercebido o fato de que a sede da Aliança Evangélica em Londres leve o nome de Whitefield e não de Wesley. A influência da Church of Brethren [Igreja dos Irmãos], que está convicta a respeito da noção "uma vez salvo, salvo para sempre", é desproporcional ao seu tamanho. O legado residual da teologia puritana tem sido um fator importante, particularmente através do ministério do Dr. Martin Lloyd-Jones, na Capela de Westminster (seu sucessor, dr. R. T. Kendall, escreveu um livro com o mesmo título do meu livro, porém sem o ponto de interrogação!).

Isso não significa que a maioria dos evangélicos aceite os cinco pontos do calvinismo. O dr. Jim Parker, do Regent College, em Vancouver, afirma com veemência que os cinco pontos formam um sistema totalmente integrado no qual cada um depende dos outros e nenhum pode ser subtraído sem anular todos os demais. "Os cinco pontos, embora apresentados separadamente, são, na verdade, inseparáveis. Estão associados, não é possível rejeitar somente um sem rejeitar todos eles [...]" (PARKER, 1991). Concordo com ele – a perseverança dos santos depende da graça irresistível, por exemplo. No entanto, Clive Calver, diretor da Aliança Evangélica, compartilhou comigo sua impressão de que os primeiros quatro pontos do calvinismo deixaram de ser amplamente defendidos em seu distrito, principalmente entre os jovens. O desejo de ater-se firmemente ao quinto ponto (a perseverança dos santos) é facilmente explicado diante de uma geração que busca segurança! Resta saber se eles continuam a fazê-lo após rejeitarem as doutrinas a ele associadas.

No entanto, o número crescente de evangélicos está sendo ultrapassado pela corrente pentecostal, que aumenta rapidamente, particularmente no terceiro mundo. Embora creiam no mesmo evangelho básico e partilhem da mesma confiança nas Escrituras, eles enfatizam de forma especial o batismo e os dons do Espírito na experiência contemporânea.

Os pentecostais tendem a ser arminianos na doutrina, pois sua linhagem pode ser traçada passando pelo movimento "Santidade" do século 19 até o avivamento wesleyano do século 18. Alguns adotaram uma teologia "reformada", mas a maioria não defenderia a ideia "uma vez salvo, salvo para sempre", exceto por omissão.

É bem possível que o século 21 demonstre uma tendência de afastamento da noção "uma vez salvo, salvo para sempre" e, nesse processo, este livro talvez tenha uma pequenina participação. Devemos, contudo, esperar para ver. Não é fácil abandonar tradições acalentadas há séculos, mesmo com as rápidas mudanças de estilo no cenário contemporâneo.

É virtualmente impossível cobrir dois mil anos de história em um único e breve capítulo, mesmo que esse capítulo aborde apenas um aspecto do pensamento cristão. O leitor deve julgar se apresentei aqui um relato, se não completo, pelo menos justo. Peço, no entanto, que a crítica se baseie em pesquisa histórica e não em preferências doutrinárias.

Analisando os séculos, fico impressionado com o notável paralelo entre essa e outras doutrinas. O que transparece é a imensa influência de Agostinho, sobrepondo-se a de qualquer outro mestre. Ele praticamente moldou o pensamento tanto católico quanto protestante (por meio de Lutero e Calvino) até o presente. No entanto, poucos percebem o afastamento radical seja da Igreja primitiva seja do Novo Testamento ocorrido quando Agostinho substituiu a abordagem teológica hebraica pela grega.

Percebe-se isso de forma mais clara em sua atitude para com o "milenarismo", crença de que haveria um reinado de mil anos de Cristo nesta Terra presente entre o seu retorno e o Dia do Juízo. Essa crença fundamentava-se nos capítulos 19 e 20 do livro de Apocalipse e foi a única visão registrada durante os primeiros séculos da história da Igreja. Agostinho começou seu ministério com essa convicção "pré-milenista", porém sua desconfiança platônica de tudo o que era físico o levou a "espiritualizar" o fato, transferindo o milênio do pós-retorno de Cristo para a "era da Igreja", anterior ao seu retorno (alegando que Apocalipse 20 precede o capítulo 19 no tempo!). Assim, é lançado o fundamento para as posições "amilenista" e, mais tarde, "pós-milenista", que hoje são "aceitas" nas Igrejas das principais correntes, sendo que sua predominância depende de um humor pessimista ou otimista.[6]

A partir desse ponto, as esperanças cristãs para o futuro passaram a centrar-se no céu e não na terra. Até mesmo a "nova terra" desapareceu da pregação cristã. O pré-milenismo foi condenado como heresia pelo mesmo Concílio que dedicou tratamento semelhante ao que foi chamado posteriormente de semipelagianismo. A Igreja foi a tal ponto dominada pelos ensinamentos de Agostinho que qualquer discordância dele era considerada heresia! Trata-se, no mínimo, de um feito notável de Agostinho. Os reformadores protestantes estavam preparados para desafiar os erros do catolicismo medieval, porém despreparados para desafiar Agostinho e os concílios influenciados por suas ideias.

É ainda mais difícil questionar os ensinamentos desse homem após tantos séculos de sua influência. Pela perspectiva do século 21, Agostinho parece tão próximo da época do Novo Testamento que se acredita que ele represente a continuidade apostólica e que suas visões sempre tenham feito parte da herança da Igreja. É revelador descobrir a lacuna existente entre ele e os apóstolos, não apenas de tempo, mas principalmente de pensamento.

---

[6] Para uma abordagem mais completa do tema, veja meu livro *When Jesus Returns.* (1995).

UMA VEZ SALVO, SALVO PARA SEMPRE?

O efeito da reordenação radical do pensamento cristão feita por Agostinho foi, na realidade, a criação de diferenças reais. Um exemplo é a divisão entre as escolas de interpretação "amilenista", "pré-milenista" e "pós-milenista" a respeito da segunda vinda. Ela deixou a impressão de que todas são igualmente válidas, portanto a preferência pode orientar a escolha ou, por outro lado, que a questão é tão complicada que uma escolha dogmática não pode ser feita. O resultado efetivo é abandonar todo o tema como "secundário".

O mesmo aconteceu com o tema que estamos discutindo. A maneira como Agostinho interpreta a graça, a predestinação, a depravação etc., agora consagrada nos cinco pontos do calvinismo, dividiu profundamente os cristãos em dois campos, rotulados de forma pouco fiel como calvinistas e arminianos. O resultado foram recriminações mútuas de infidelidade às Escrituras e até acusações de heresia. Creio que, se não fosse por Agostinho, é possível que essa lamentável situação jamais tivesse surgido.

Talvez todos nós devamos perceber o quanto somos influenciados pelas tradições históricas às quais fomos expostos desde que passamos a fazer parte da Igreja. E, na leitura bíblica, precisamos estar atentos para não projetar essas influências de volta nas Escrituras.

E, quando discutimos questões sobre as quais divergimos, devemos nos lembrar de quais são nossos pontos de concordância. Na verdade, os verdadeiros calvinistas, que costumam defender a versão Ômega de "uma vez salvo, salvo para sempre", têm mais pontos em comum com arminianos do que geralmente se percebe. Ambos abominam a ingênua visão Alfa. Ambos ensinam que somente aqueles que perseveram na fé até o fim serão finalmente salvos. A diferença crucial a essa altura é que os calvinistas acreditam que aquele que falha em perseverar sequer foi parcialmente salvo, enquanto os arminianos creem que alguns foram salvos, porém não todos.

No entanto, outras diferenças graves ligadas a essa devem ser consideradas. Elas precisarão de um capítulo destinado a elas.

5 OBJEÇÕES TEOLÓGICAS

A essa altura, o leitor menos perspicaz terá concluído que este livro está apresentando a versão arminiana de "uma vez salvo, salvo para sempre"!

As objeções Alfa a esse posicionamento tendem a ser psicológicas, uma defesa instintiva da segurança emocional. A objeções Ômega são mais teológicas, com acusações de distorção doutrinária. Algumas delas, cinco em especial, serão discutidas neste capítulo.

Os calvinistas acusam o arminianos de depreciar a graça, negar a predestinação, degradar a conversão, destruir a certeza da salvação e exigir obras. São acusações graves e precisam ser contestadas.

Deprecia a graça?

É trágico que uma das palavras mais belas do Novo Testamento deva ser tema de controvérsia. Mas é o que acontece. Na verdade, a afirmação "uma vez salvo, salvo para sempre" costumava ser "uma vez na graça, para sempre na graça".

A palavra está particularmente associada ao Salvador ("a graça do nosso Senhor Jesus Cristo") e à salvação ("pela graça sois salvos"). Somos totalmente incapazes de salvar a nós mesmos, de escapar da nossa condição pecaminosa. Estamos perdidos para sempre – a menos que Deus venha nos socorrer, o que ele fez enviando seu Filho para nos salvar. Ao contemplar o destino inevitável do pecado, todo crente instintivamente se dá conta de sua situação e chega à conclusão "o que seria de mim sem a graça de Deus".

É importante enfatizar que calvinistas e arminianos concordam com tudo o que acabamos de afirmar. Pelágio talvez tenha acreditado que precisamos somente da graça da revelação (somos apresentados ao caminho certo, pelo qual podemos caminhar com nossas próprias forças); mas Armínio foi tão claro quanto Calvino a respeito da nossa necessidade da graça da redenção (somos libertos da punição por viver da maneira errada e recebemos o poder para viver da maneira correta). Sem a graça, estamos desamparados e sem esperança.

Há concordância também a respeito do sentido básico de "graça": é favor imerecido, um ato de misericórdia concedido gratuitamente ao necessitado. Nada há, portanto, que possamos fazer para conquistar ou merecer tal favor. Aquele que o concede é absolutamente livre para escolher quem o recebe. "Terei misericórdia de quem eu quiser ter misericórdia e terei compaixão de quem eu quiser ter compaixão" (Rm 9.15, citando Êx 33.19; a mesma verdade é exemplificada na parábola dos trabalhadores da vinha Mt 20.15). Graça é magnanimidade e generosidade divina. A salvação é um dom gratuito (Ef 2.8).

A discordância a respeito da graça torna-se aparente diante das perguntas práticas. Negativamente: esse dom gratuito pode ser *recusado*? Positivamente: precisamos fazer algo para *recebê-lo*? A resposta dos calvinistas é "não" às duas perguntas, a dos arminianos é "sim".

Os calvinistas parecem ser incapazes de distinguir entre fazer algo para *merecer* um presente e fazer algo para *recebê-lo*, rotulando ambos como "contribuição" (linguagem persuasiva) para a salvação. Se uma criança estender a mão para receber um doce, considera-se que ela esteja desempenhando um papel em seu preço; para ser verdadeiramente gratuito, o doce deve ser colocado pelo doador na boca da criança, quem sabe até empurrado goela abaixo para evitar que seja cuspido!

A graça, portanto, deixa de ser um favor imerecido para ser uma força irresistível. A escolha humana não tem lugar. A graça age com ou sem a nossa cooperação voluntária. Se for "decreto" de Deus que sejamos salvos e reservados para a glória, isso acontecerá de fato, independentemente de nossa "decisão" de nos submeter. É a vontade dele e não a nossa que será feita. Isso garante que a salvação seja "totalmente pela graça", visto que não há atividade humana envolvida. Não há nada que precisemos, possamos ou devamos fazer para sermos salvos, exceto, quem sabe, torcer para estar entre os escolhidos!

Alguns dirão que exagerei no parágrafo acima, mas o que estou fazendo é apenas declarar sem rodeios, mesmo que de forma rude, em que realmente acreditam os calvinistas. Eles mesmos não escapam do exagero, principalmente quando descrevem a posição arminiana. Em uma publicação recente, no capítulo *An offer you can't refuse* [Uma oferta que você não pode recusar], Roy Clements (1995) ilustra a diferença citando a situação de um homem que está se afogando. O calvinismo afirma que alguém saltará na água e conduzirá o homem a um lugar seguro. Porém "tanto o arminianismo como o pelagianismo (observe a forma como é feita essa associação) lhe dirão: "Se você deseja ser salvo, dedique-se um pouco mais. É seu esforço próprio que o levará à margem. Você deve escolher, deve exercer seu livre-arbítrio, deve tentar" (observe o uso de palavras que implicam imensa energia: esforço-exercer-tentar). Mesmo que seja possível fazer essa afirmação a respeito de Pelágio, eu diria que a linguagem é difamatória quando atribuída a Armínio ou aos arminianos. Sua posição seria retratada de forma mais precisa como uma pessoa que atira uma boia salva-vidas ao homem que está se afogando e diz: "Agarre a corda e continue segurando firme até chegar a um lugar seguro". Afirmo que ninguém que seja resgatado dessa forma imaginaria ter salvado a si mesmo ou até feito alguma "contribuição" que merecesse seu resgate! Somente estaria cheio de gratidão a seu salvador.

Até agora analisamos essa visão de "graça irresistível" que se aplica a todo o processo de salvação, do início ao fim. Há, no entanto, uma alternativa arriscada, talvez mais aceita, particularmente, por evangelistas. Ela está mais associada à posição Alfa. Em síntese: é possível resistir à graça até, inclusive, o momento da conversão, porém, depois disso, ela se torna irresistível. Assim sendo, o ser humano pode recusar ou aceitar a graça e ser salvo, mas então a graça toma conta e certamente manterá o controle. Assim, não importa o que eu faça, Deus jamais me deixará partir. Sua graça é suficiente e eficiente para guardar-me até o fim.

O ponto central da questão é, portanto, se a graça é irresistível, antes ou após a conversão. Isso só pode ser decidido pelo estudo das Escrituras.

O evangelismo apostólico não hesitava em ditar o que era necessário fazer para apropriar-se da graça de Deus em Jesus. Todos recebiam instruções, ou até ordens, para que se arrependessem, cressem e fossem batizados, porém eles nunca foram forçados a isso. A decisão sobre aceitar ou rejeitar o evangelho era claramente deles. Aqueles que se recusavam eram acusados de resistir à graça. Os que de fato se arrependiam de seus pecados, depositavam sua confiança no Salvador e submetiam-se ao batismo na água não demonstravam qualquer sinal de que essas suas ações fossem uma "contribuição" ao preço de sua salvação ou que, de alguma forma, eles a merecessem. Estavam simplesmente impressionados pela graça recebida.

Acima de tudo, não se encontra uma única pista de que eles não fossem capazes de resistir à vontade de arrepender-se, crer e ser batizados, pois Deus havia decretado o contrário. Isso tornaria absurda a oferta universal do evangelho feita com tanta convicção. Os apóstolos presumiam que todo aquele que ouvisse o evangelho estava sendo "chamado" por Deus. João 3.16 deve ser uma constante pedra de tropeço aos que pensam de outra forma – "Deus tanto amou o *mundo* [...] para que *todo o que* nele crer [...]".

É possível, portanto, resistir à graça antes da conversão. Na verdade, muitos calvinistas ensinam que a vontade humana é tão depravada que ela é "livre" apenas para escolher o mal, para decidir fazer o que é errado. É lógico que isso certamente nos deixa livres para responder negativamente ao evangelho, mesmo que precisemos da graça para responder "Sim". O que significa, portanto, que a graça pode ser recusada.

OBJEÇÕES TEOLÓGICAS

Mas e depois da conversão? É certo que a graça, uma vez aceita, assume a direção? Não estamos mais no controle de nós mesmos. Entregamos o leme da nossa vida ao Senhor. Agora é ele quem decide. Ele nos guardará. Essa é a conclusão comum a respeito de ser "salvo".

Não há respaldo para isso na Bíblia ou na experiência. O "velho homem" pode estar morto, mas ainda está em pé! A batalha contra o pecado pode ser ainda maior após a conversão. Muitos caem, alguns jamais se levantam.

O Novo Testamento, em sua maior parte, é dirigido aos crentes e está recheado de exortações à perseverança na batalha moral e espiritual até alcançarmos a vitória final. "Abandone tudo e deixe Deus agir" é outro slogan de respaldo bíblico duvidoso. Os autores bíblicos não hesitavam em dizer aos seus leitores que se esforçassem "para ser santos" (Hb 12.14), para "prosseguir para o alvo, a fim de ganhar o prêmio" (Fl 3.14). Tampouco estavam eles conscientes de que depreciariam a graça ao encorajar seus convertidos a tal empenho. Eles ainda acreditavam que a santificação fosse um dom da graça tanto quanto a justificação, e a santidade, tanto quanto o perdão.

A graça, contudo, não os tornava santos contra a sua vontade, sem sua cooperação voluntária. Isso significa que os crentes que experimentam o novo nascimento podem "anular a graça de Deus", quando tentam, por si mesmos, produzir uma retidão em vez de se apropriarem da justiça de Cristo (Gl 2.21). Se retornarem às obras da lei, podem "cair da graça [literalmente ser excluído da graça]" (Gl 5.4). Pode-se chegar ao ponto em que a graça foi "recebida em vão" (2Co 6.1). Um crente que dá lugar à raiz de amargura em seu coração pode "excluir-se da graça de Deus" (Hb 12.15).

Ninguém que encare esses textos bíblicos em seu sentido mais evidente e simples concluiria que a graça é uma força irresistível, mesmo depois de tê-la recebido. A graça sempre é concedida livremente, mas não é sempre recebida e usada, mesmo pelos crentes. Ela é oferecida, porém jamais imposta.

Os calvinistas argumentam que isso coloca a graça à mercê dos homens e que, consequentemente, deixa de ser uma expressão da misericórdia de Deus. Significa, dizem eles, que a vontade do homem é mais forte do que a vontade de Deus. As decisões humanas podem obstruir os decretos divinos. Deus é privado de seu livre-arbítrio. Não pode mais escolher quem e quantos salvar. A graça tornou-se uma oferta do tipo "pegar-ou-largar", que pode ou não pode ser aceita. Os propósitos eternos do Criador, portanto, podem ser frustrados por suas criaturas.

Há um erro fatal nesse impressionante argumento, mas devemos adiar sua revelação até o próximo capítulo, quando será mais apropriada. Subjacente à lógica, no entanto, está a doutrina da "eleição incondicional", ou mais simplesmente, da predestinação, sobre a qual vamos falar agora.

Nega a predestinação?

Ninguém pode negar que essa palavra esteja Bíblia, porém sempre como um verbo e não um substantivo e, ainda assim, ela ocorre somente quatro vezes (Rm 8.29-30; Ef 1.5,11). Uma palavra relacionada, "eleito", geralmente um substantivo, é mais comum e significa "escolhido". A partir desses exemplos, desenvolveu-se um argumento lógico que afirma: se Deus é onipotente e nos predestinou para sermos seus santos no céu, como podemos nós, ou qualquer pessoa, resistir ao seu soberano poder e subjugar seu decreto eterno? Parece que não há resposta, certo?

No entanto, visto que a lógica estrita foi adotada como um método válido para determinar a doutrina, ela deve ser seguida até sua conclusão final. A lógica também deve encarar os fatos, sendo um dos mais óbvios que nem todas as pessoas, sequer a maioria, são salvas pela graça.

Como a crença na predestinação lida com o fato de tantas pessoas estarem perdidas eternamente? Há duas respostas, uma "dura" e uma "branda".

OBJEÇÕES TEOLÓGICAS

A linha dura é chamada de "predestinação dupla", "o decreto de reprovação" ou ainda "o terrível decreto". Significa simplesmente que Deus predestina alguns para a salvação e outros para a perdição. Ele decide o destino eterno de cada ser humano, independentemente de quaisquer que sejam suas qualificações ou desqualificações. Uma vez que ele não revelou sobre quais fundamentos as baseou, suas escolhas devem parecer arbitrárias, na melhor das hipóteses, e completamente injustas, na pior. O poeta Robbie Burns satirizou a pregação presbiteriana na Escócia com sua sutileza peculiar:

Ó Deus, de quem tu te agradas mais?
Envias ana ao céu e ana ao inferno
Tudo para tua glória
E não por qualquer bem ou mal
Que tenham feito diante de ti
[tradução livre do poema *Holly Willie's Prayer*]

Trata-se de uma verdade terrível ou de uma paródia horrorosa.

A linha tênue é que Deus escolhe aqueles que serão salvos e nada "escolhe" para os demais. Sendo todos pecadores e merecedores do inferno de qualquer maneira, não há necessidade de um decreto de predestinação para eles. Deus simplesmente os deixa à própria sorte. Todos são tratados com justiça, alguns são predestinados a receber misericórdia.

As duas respostas encontram dificuldade de ajustar-se a algumas declarações categóricas da Bíblia: que Deus ama o mundo (Jo 3.16) e que ele deseja que todos os homens sejam salvos (1Tm 2.4; "deseja", não "decide").

Mas tudo isso é realmente secundário e não deve ser usado para levar ao descrédito o conceito da predestinação. Esses problemas, contudo, de fato nos ajudam a conduzir nossa atenção à questão principal: se entendemos de forma apropriada o significado de ser "predestinado" por Deus.

A interpretação calvinista baseia-se na hipótese de que predestinação seja o mesmo que predeterminação, mas essas palavras podem não ser sinônimas. Uma delas costuma ser usada em referência a objetos pessoais, a outra, a objetos impessoais; pessoas são predestinadas, coisas são predeterminadas.

Portanto, é possível que o termo "predestinação" precise ser expandido ou qualificado para deixar claras as suas conotações. Na verdade, particularmente, isso já foi feito de três formas.

Em primeiro lugar, a predestinação é *clarividente*. Isto é, baseia-se na presciência de eventos futuros. Visto que Deus conhece tanto o futuro quanto o passado, e o fim desde o início, ele sabia exatamente quem viria a se arrepender e crer, por isso pôde eleger e predestinar cada um deles para receber a salvação. Essa é a explicação adotada por Armínio e muitos de seus seguidores, embora eles não fossem os primeiros a fazê-lo. Séculos antes, os críticos italianos e franceses de Agostinho haviam adotado a mesma linha. Parece haver algum respaldo bíblico: "Pois aqueles que de antemão conheceu, também os predestinou [...]" (Rm 8.29). O problema é que "conhecer alguém de antemão" significa mais do que "saber a respeito" e pode expressar a ideia de um início de relacionamento íntimo.

Segundo, a predestinação é *coletiva*. Trata-se da seleção de um povo e não de pessoas, de um grupo e não de um indivíduo. Israel, no Antigo Testamento e a Igreja, no Novo Testamento, portanto, são povos predestinados por Deus. Indivíduos tornam-se predestinados somente quando passam a ser parte integrante de um todo, como Rute e Raabe, que se tornaram parte do povo escolhido (e eleito) de Deus pelas escolhas que fizeram. Se forem separados delas, seja por escolha própria ou do corpo, eles perdem o título. Seguindo essa mesma linha de pensamento, afirma-se que a eleição, aplicada ao povo de Deus, é mais uma eleição para o serviço do que para a salvação, é mais responsabilidade do que privilégio.[7] Essa

---

[7] Veja o estudo clássico de Rowley (1950).

OBJEÇÕES TEOLÓGICAS

percepção traz luz considerável a textos como "Vocês não me escolheram, mas eu os escolhi [...]" (Jo 15.16; cf. 6.70; ambos os textos são referências claras a essa escolha de pessoas para o serviço apostólico, não para a salvação eterna).

Terceiro, a predestinação é *condicional*. Era uma escolha geral, e não particular. Deus decretou que todos os indivíduos que se arrependessem e cressem seriam salvos. Aqueles que respondem de forma afirmativa ao evangelho estão, portanto, incluídos nessa categoria "predestinada". Essa visão tem algo em comum com a solução "coletiva", mas pode ir a pique naqueles textos que parecem implicar que os nomes foram escritos no Livro da Vida muito antes de as próprias pessoas decidirem ser incluídas, embora esse ponto possa ser englobado pelo ângulo da "clarividência".

Parece-me que há outra abordagem mais simples que associa algumas dessas percepções a um reexame do próprio termo e conceito. Cheguei à conclusão de que predestinar uma pessoa significa *preparar* um destino para ela e não *definir* o seu destino (cruzei com essa sugestão esclarecedora em um livro calvinista sobre a afirmação "uma vez salvo, salvo para sempre", embora já tivesse usado essa definição em meu ensino anteriormente).

Um exemplo simples servirá de ilustração. Desde muito cedo minha ambição era ser fazendeiro. Passei muitas férias no campo e de lá fui arrancado no início da Segunda Guerra Mundial. Aos 16 anos, após concluir o ensino básico, trabalhei em fazendas em Nortúmbria e Yorkshire, Inglaterra, para adquirir experiência antes de buscar uma graduação em agronomia pela Universidade de Newcastle, na época uma divisão da Universidade de Durham. Eu não sabia que meu pai, professor universitário de agronomia, já havia feito contatos e, eventualmente, revelou que encontrara uma pequena propriedade que eu poderia alugar quando concluísse meus estudos. Infelizmente, era tarde demais! Meu Pai celestial já havia me revelado seus planos – eu deveria ser um pregador! Devo acrescentar que meu pai terreno não ficou decepcionado, pois desde que John Wesley escolheu um homem chamado John Pawson como um de seus companheiros itinerantes, os Pawson eram pregadores e/ou fazendeiros.

É esse o ponto que quero frisar. Se eu tivesse aceitado a oferta da fazenda, poderia afirmar para sempre: "Meu pai preparou isso para mim. Antes que eu soubesse de algo a respeito, ele planejou e proveu para que isso acontecesse. Ele predestinou isso para mim e me predestinou para isso e sou eternamente grato a ele por sua previdência". Minha recusa foi necessária, mas eu jamais poderia afirmar que ele também predestinou essa decisão. Se eu aceitasse, estava predestinado. Se não aceitasse, não estava predestinado.

Esse cenário parece corresponder à informação bíblica. Todos os que são "salvos" foram pessoalmente predestinados à glória por um Pai celestial amoroso que assim planejou antecipadamente. Por outro lado, a Bíblia jamais associa a predestinação aos não salvos.

A iniciativa divina da graça está protegida. Acima de tudo, está revogado o decreto duplo ou terrível de ser predestinado a ser reprovado, e, consequentemente, destinado ao inferno.

Percebo que muitos considerarão uma solução excessivamente simples para um problema que há tanto tempo confunde a mente de tantos. Não quero apresentá-la como a palavra final sobre o tema. Seria pura arrogância. Declaro no próximo capítulo, contudo, que essa linha de pensamento está mais conforme à natureza e ao caráter de Deus da maneira como ele se revelou, especialmente em seu Filho.

Degrada a conversão?

Acredita-se que, quando não se crê na afirmação "uma vez salvo, salvo para sempre", dois aspectos do processo de tornar-se cristão ficam ameaçados. Um deles é objetivo, a saber, a justificação. O outro é subjetivo: a regeneração.

"Justificação' é um termo legal, emprestado dos tribunais.

OBJEÇÕES TEOLÓGICAS

É a declaração do juiz de que o réu em julgamento é inocente da acusação e pode sair do tribunal como uma pessoa livre, de consciência tranquila. No entanto, uma pessoa culpada pode ser absolvida somente depois que a punição devida tenha sido paga por outra. Desse modo, tanto a justiça quanto a misericórdia são satisfeitas. O inocente é tratado como culpado e o culpado como inocente. Caso não ocorresse essa substituição, a libertação do prisioneiro no tribunal seria uma falha da justiça. Na prática, a justificação equivale ao perdão, embora, não nos esqueçamos, à custa de outra pessoa.

O pecado, portanto, foi "imputado" ao Salvador, que pagou a pena de morte na cruz; e a justiça foi "imputada" ao pecador, que pode agora aproximar-se do trono eterno "revestido da justiça divina". Que troca! Nada justa a partir de qualquer perspectiva, mas repleta da graça.

Alguns afirmam, contudo, que se alguém é declarado inocente por Deus, como poderia tornar-se culpado novamente? A justificação é certamente uma mudança permanente de condição. Como é possível que alguém se torne "injustificado" novamente aos olhos de Deus?

Já destacamos (no capítulo 2) que o perdão cobre os pecados passados, não os futuros. Os criminosos absolvidos poderão enfrentar novamente o tribunal caso retornem a seus crimes.

A verdadeira resposta está no *propósito* da justificação. Em primeiro lugar, seu intuito é tornar possível um relacionamento com Deus, algo impossível entre um homem pecador e um Deus santo. A partir de agora, algo mais se inicia nesse relacionamento – a transformação desse pecador em alguém genuinamente santo. Na verdade, os pecadores justificados são imediatamente "chamados santos" (Rm 1.7; a inserção das palavras "para serem" é totalmente injustificada).

Mas também é verdade que os santos são chamados para viver em santidade. A justiça lhes é *imputada* a fim de que também lhes possa ser *concedida*. O recebimento do perdão deve ser seguido pelo recebimento da santidade. A justificação é o meio, a santificação é o fim. Em todas as outras religiões ocorre o contrário: uma vida santa deve ser vivida para ser aceita por Deus. A boa nova do evangelho é que Deus nos aceita como somos – a fim de que vivamos uma vida santa.

É um erro básico acreditar que a justificação seja um substituto para a santificação. Esse equívoco vem desde Agostinho! Ele não usava um Novo Testamento em grego, mas em latim, no qual a palavra grega *dikaioun* ("declarar justo") foi equivocadamente traduzida pelo termo latino *justifacere* (que significa "tornar justo"). Essa tradução infeliz levou Agostinho a concluir: "Os justificados nada mais são que pessoas que foram feitas justas [*justi facti*], isto é, por aquele que justifica o ímpio a fim de que o ímpio se torne um justo". Trata-se praticamente de declarar que justiça imputada e justiça concedida são a mesma coisa, outorgada quando se crê. O que mais seria necessário para a salvação?

Esse mesmo entendimento exagerado da justificação como o equivalente à santificação foi seguido por Martinho Lutero, cujo legado foi deixado aos filhos da Reforma. Por esse entendimento, muitos crentes ficam com a impressão de que agora possuem toda a justiça necessária para se qualificar para um lugar no céu. Basta um pequeno passo para chegar à afirmação "uma vez salvo, salvo para sempre", e o próprio Lutero parece ter dado esse passo.

Entre as dezenas de apelos, exortações e admoestações aos crentes nas páginas do Novo Testamento, uma é suficiente para desafiar tal conjectura: "Esforcem-se [...] para serem santos; sem santidade ninguém verá o Senhor" (Hb 12.14, NVI). O mandamento do Senhor para que sejamos santos como ele é santo é frequente tanto no Antigo como no Novo Testamento (Lv 19.2; 1Pe 1.16). A justificação não cumpre esse mandamento, mas torna possível seu cumprimento.

"Regeneração" é uma palavra rara no Novo Testamento. Na verdade, ela é usada somente duas vezes, uma delas relacionada à conversão (batismo?) de indivíduos (Tt 3.5) e a outra à restauração de todo o universo (Mt 19.28). Se incluirmos "novo nascimento", são cinco as referências

OBJEÇÕES TEOLÓGICAS

(comparadas às sete que são relativas ao batismo no Espírito Santo!). A etimologia da palavra é bastante simples e significa recomeçar a vida.

Uma imensa superestrutura teológica foi construída em torno desse tema conferindo-lhe uma importância desproporcional, apesar de não ser tão recorrente na Bíblia. O termo "nascer de novo" tornou-se uma ferramenta fundamental no evangelismo moderno, embora jamais fosse usado nesse contexto pelos apóstolos.

O conceito de "regeneração" é usado hoje como um meio de aferir as passagens "difíceis" tanto no Antigo quanto no Novo Testamento. A indagação "Ah, mas eles eram verdadeiramente regenerados?" é vista como uma solução adequada para o problema potencial da verdadeira apostasia. O Antigo Testamento jamais usa esse critério quando se refere ao pecado do povo de Deus. O Novo Testamento tampouco analisa os que retrocedem dessa forma. A fé parece ser o padrão de medida para ambos. Em vez de: "Eles eram verdadeiramente regenerados?", a pergunta que envolve a condição fundamental é "Eles andaram em fé ou afastaram-se dela?".

Já comentamos que a regeneração não confere imortalidade (veja o capítulo 2). Seja qual for o caso, quem nasceu pode morrer (não há na Bíblia qualquer traço de reencarnação: nascer de novo e de novo e de novo). Até mesmo aqueles que nasceram duas vezes podem morrer duas vezes.[8]

A regeneração, portanto, pode ser irrepetível e irreversível, mas isso não significa que seja indestrutível. É certamente o início da salvação, porém não é, em si mesma, uma garantia de suas referências (eisegese[9] boa, porém exegese ruim!). Nascer do Espírito é começar novamente com o mesmo corpo e cérebro, mas com um "espírito" que estava morto em pecado

---

[8] No livro do Apocalipse, a promessa de imunidade da "segunda morte" é concedida somente aos crentes que são "vencedores" e "santos" (Ap 2.11; 20.6).

[9] NdT: Eisegese consiste em introduzir (inferência) em um texto algo que alguém deseja que esteja ali, mas que na verdade não faz parte do mesmo.

e transgressão, mas agora está vivo novamente em Cristo; estava perdido e foi achado.

Permanecer em Cristo garantirá que a vida continue a fluir através do novo "ramo" da videira verdadeira, permitindo que se desenvolva e frutifique. No entanto, o ramo também pode murchar e morrer se não permanecer em Cristo. Tudo isso foi dito aos discípulos que eram "nascidos de Deus" (Jo 1.12-13 aplica-se a ninguém além de eles próprios).

Destrói a certeza da salvação?

Vivemos em uma época de incertezas. Há uma certa "angústia", um tipo de ansiedade vigente. Isso explica a busca febril por segurança – emocional, financeira, política e, acima de tudo, espiritual.

O evangelho é amplamente oferecido como a resposta a essa necessidade, a cura de todos esses temores. Os evangelistas costumam apresentar a pergunta: "Você quer ter certeza de que irá para o céu quando morrer?". Não é de estranhar que seus "convertidos" presumam a ideia de "uma vez salvo, salvo para sempre", embora talvez não a tenham ouvido com todas as letras.

Certamente, afirmam os defensores, nosso Pai celestial deseja que estejamos absolutamente certos de que seu amor jamais nos abandonará. E se o conceito "uma vez salvo, salvo para sempre" não é verdadeiro, como pode haver alguém seguro de sua salvação? Eles serão atormentados pelas dúvidas, constantemente indagando se conseguirão chegar ao final. Questionar a ideia de "salvo para sempre" é destruir a certeza da salvação.

Na Bíblia há uma doutrina clara sobre certeza da salvação. É ao mesmo tempo possível e essencial que os crentes "saibam" que agora são filhos adotados de Deus. Um dos livros do Antigo Testamento (Ezequiel) contém muitas ocorrências da expressão "e sabereis". Em 1João, no Novo Testamento, a frase comum é "e nisto conheceremos". Deus quer que "saibamos", não apenas que tenhamos esperança ou acreditemos.

OBJEÇÕES TEOLÓGICAS

Mesmo assim, há duas perguntas muito básicas que precisamos considerar:
i. Como podemos ter certeza?
ii. De que podemos ter certeza?

Veremos primeiramente as respostas oferecidas por aqueles que creem na ideia de "uma vez salvo, salvo para sempre". Há uma lacuna entre as visões Alfa e Ômega, portanto elas precisam ser tratadas separadamente.

O entendimento Alfa da certeza da salvação é, como se pode esperar, bastante simples. Se você creu, pode estar absolutamente certo de que terminará no céu, pois Deus assim prometeu a todos os crentes. Até mesmo essa simples afirmação, contudo, exige cuidadosa atenção, e essa atenção revela duas características questionáveis.

Em primeiro lugar, é uma garantia que está enraizada no *passado*. Baseia-se em um evento que pode ter ocorrido anos antes. As palavras-chave são "uma vez". É possível expandi-las para "era uma vez". Não há nada no restante da história que possa afetar o seu início, do qual tudo depende. O Novo Testamento não encoraja esse viver fundamentado na conversão.

Segundo, é uma garantia que depende de uma dedução. Tecnicamente, é chamada de "silogismo", que é uma premissa principal, seguida de uma premissa menor, das quais chega-se então a uma dedução. Em sua forma mais simples, o silogismo segue assim:
    Se a Bíblia diz isso,
    Eu acredito.
    E assunto encerrado.

As promessas de Deus na *Bíblia* são, portanto, a base da certeza da salvação. A lógica é o meio pelo qual elas se tornam minha segurança. Eu deposito minha confiança em sua Palavra, e assim posso convencer-me a me sentir seguro. Às vezes, é possível que alguém precise me persuadir. Grande parte do aconselhamento segue essa linha: "Você crê nesse versículo? Então pode ter certeza de que irá para o céu!".

Na melhor das hipóteses, é um testemunho *indireto* mediado por processos mentais. É possível, portanto, lançar dúvidas sobre ele ("Como posso ter certeza de que creio o suficiente para que isso se aplique a mim?").

Essa abordagem à certeza da salvação (uma dedução indireta da mente, fundamentada na Bíblia e enraizada no passado) é muito comum em círculos evangélicos, mas não é nada fácil encontrar uma justificativa bíblica que a suporte. Os convertidos da Igreja primitiva não tinham sequer o texto do Novo Testamento para fundamentar sua segurança deduzida – no entanto, eles tinham o Espírito!

O entendimento Ômega de certeza da salvação é bem diferente. Quando ensinamos que a perseverança é necessária para a salvação final e que somente os verdadeiramente nascidos de novo perseverarão, deixamos implícito que só é possível ter certeza da salvação perseverando até o fim! Portanto, o ensinamento calvinista, assim como o arminiano, poderia ser acusado de destruir a certeza da salvação. Na verdade, como veremos, esses dois estão mais próximos entre si do que imaginam.

Calvino ensinou o que chamava de "a certeza da fé". A fé verdadeira ("salvadora", ao contrário de "temporária") traz em si um testemunho intuitivo. Visto que a fé é um dom de Deus, uma certeza interior é um elemento integrante desse dom. Aqueles que a recebem apenas "sabem" que estão entre os "eleitos", escolhidos por Deus.

O arminiano Wesley era muito enfático a respeito da certeza, assim como seu irmão Charles, nos hinos que compôs. No entanto, ele fazia distinção entre tipos diferentes de certeza. Havia a certeza geral do perdão de pecados, mas também havia a certeza especial da perseverança. Alguns poderiam receber a presciência de que estariam entre os que chegarão ao final.

Mais uma vez, não há uma grande distância entre os dois lados do debate, embora a diferença ainda esteja lá. Para um deles, todos os que verdadeiramente crerem perseverarão; para o outro lado, alguns talvez não o façam.

OBJEÇÕES TEOLÓGICAS

O que é importante observar é que a lógica tende a solapar a certeza na versão Ômega de "uma vez salvo, salvo para sempre". A vida, contudo, vai além da lógica. Tanto calvinistas quanto arminianos consideram a certeza uma questão mais intuitiva do que dedutiva. Não se trata apenas de uma linha indireta de raciocínio da mente, mas de um testemunho direto ao espírito.

Está muito mais próximo do conceito do Novo Testamento, no qual a origem da certeza encontra-se no Espírito, que testifica com o nosso espírito, no interior, e não nas Escrituras, externas a nós. Para citar apenas duas dessas afirmações: "Sabemos que permanecemos nele, e ele em nós, porque ele nos deu do seu Espírito" (1Jo 4.13) e "O próprio Espírito testemunha ao nosso espírito que somos filhos de Deus" (Rm 8.16).

A partir desses dois versículos apenas, aprendemos muito sobre a certeza da salvação. Ela é obra do Espírito Santo no nosso interior, embora se expresse externamente (Romanos 8.15 refere-se ao clamor involuntário de "Aba, Pai", o Espírito do próprio Jesus usando sua própria forma de oração através dos nossos lábios!). É um testemunho direto ao nosso espírito; é possível que a mente nem esteja envolvida, é mais sentimento do que razão. Acima de tudo, a certeza da salvação está fundamentada no presente e não no passado e trata-se de uma experiência contínua e não única e definitiva (em Romanos 8.16, o verbo "testemunhar" está no tempo presente contínuo). Tudo isso distingue-se claramente da visão Alfa esboçada acima, tão comum entre muito evangélicos.

Como podemos ter certeza da salvação? Já respondemos: por meio do Espírito Santo. Quando somos conduzidos pelo Espírito e nele andamos, desfrutaremos do seu testemunho constante, aquela certeza e convicção intuitiva de que o Senhor está conosco. O Novo Testamento, contudo, também contém provas disso, para que estejamos bastante convictos de que nossa intuição não está sendo enganada. Essas verificações incluem uma consciência limpa, o amor por nossos irmãos em Cristo e a descontinuidade dos pecados habituais (1João contém uma lista abrangente de tais "provas"). Elas são a confirmação exterior do testemunho interior, as provas objetivas do instinto subjetivo. Não usamos a "Bíblia" para comprovar essa conexão.

Entretanto, devemos enfrentar a segunda pergunta: de que podemos ter certeza? Já vimos que a certeza da salvação se baseia na experiência presente e não nos eventos passados, mas como ela se relaciona com o futuro?

Muitos desejam mais do que uma certeza a respeito do presente, aquele conhecimento intuitivo de que estão no Senhor e o Senhor está presente neles. Estão buscando uma garantia a respeito do seu futuro, que, na verdade, é uma garantia *contra eles mesmos*! Querem estar certos de que seu futuro está absolutamente seguro, independentemente do que aconteça ou de sua conduta até o final.

Não consegui encontrar tal garantia na Bíblia. Eu não estou incluído na lista de pessoas e coisas que não podem me separar do amor de Deus em Cristo Jesus e não podem me arrancar das mãos divinas (veja o Apêndice I). Não há um único versículo na Bíblia que prometa que eu jamais me separarei de Cristo. Pelo contrário, há versículos que claramente afirmam a possibilidade oposta ("Vocês [...] separaram-se de Cristo", Gl 5.4). Autoconfiança não é um dom do Espírito! Então, de que posso ter certeza?

Os crentes podem estar muito seguros de seu relacionamento presente com o Senhor, de que estão caminhando com ele, que seguem pela estrada estreita e reta que conduz à vida. Podem ter certeza de que estão "no Caminho", tanto o caminho da salvação quanto o caminho para o céu. Podem descansar no conhecimento de que, seguindo por essa estrada, eles certamente alcançarão o destino correto. Não há razão para dúvida e ansiedade nessa caminhada de fé, de esperança e de amor. A perspectiva futura é luminosa. A glória desponta adiante. Os viajantes podem se alegrar: "Estamos a caminho do céu".

O que mais podemos pedir? O que mais devemos pedir? Qual seria o efeito de recebermos essa garantia contra nós mesmos? Mais importante ainda, a Bíblia nos oferece esse

OBJEÇÕES TEOLÓGICAS

tipo de certeza? Descobrimos (no capítulo 3) que o Novo Testamento usa constantemente a palavra "se" – "se você continuar, perseverar, resistir, vencer".

Não surpreende, portanto, que, na experiência cristã, a certeza e a perseverança estejam relacionadas. Quando os crentes cedem à tentação, a primeira coisa a ser afetada é a sua certeza. É quando as dúvidas e os temores se insinuam ("cometi um pecado imperdoável?"). Isso acontece porque entristecemos o Espírito, que é a origem da nossa certeza. É a culpa (real ou imaginária, moral ou psicológica – é importante distingui-las) que nos torna hipersensíveis a qualquer questionamento sobre a nossa segurança. "Essa consciência, que nos torna todos covardes", como diria Shakespeare.

A cura para a culpa é o perdão, que está constantemente disponível àqueles que confessam abertamente sua necessidade (1João 1.9). Com o relacionamento restaurado, a certeza retornará. Quanto antes levarmos nossos pecados e temores ao Senhor, melhor. Sansão encontrou seu caminho de volta ao Senhor e à sua certeza mesmo depois de perder o Espírito e tornar-se um homem castigado e abatido. Se você deseja sentir-se seguro a respeito do futuro, mantenha-se perto de Cristo.

Os calvinistas ficariam horrorizados com os últimos parágrafos, que lhes parecerão estar enfatizando o esforço humano, dando a impressão de que o ônus é nosso, somos nós que devemos persistir. Para eles, isso é salvação pelas obras, o exato oposto da salvação pela fé. Espero que eles leiam até o final deste livro antes de apresentarem essa acusação, mas algumas coisas podem ser ditas aqui.

Exige obras?

Que fique absolutamente claro que a salvação "do princípio ao fim é pela fé" (Rm 1.17). "Não por obras, para que ninguém se glorie" (Ef 2.9).

No entanto, a mente humana pode confundir fé e obras. A forma mais básica é a ideia comum de que Deus espera que produzamos tantas boas obras quanto pudermos e que peçamos seu perdão pelas obras más ("Faça o seu melhor e deixe o restante – nas mãos dele").

Uma forma mais sutil é associar a justificação pela fé com a santificação pelas obras. No pensamento de Paulo, isso significa começar no Espírito e depois reverter para a carne (Gl 3.3).

Tanto as obras da carne quanto as obras da lei são inimigas do evangelho e depreciam a salvação exclusivamente pela graça. Ambas remetem à religião do tipo faça-você-mesmo, que preserva o orgulho humano. Deus quer ver a justiça em nós, não a nossa justiça, mas a dele. Ele não está exigindo a justiça de nós, mas oferecendo-a, em Cristo.

Tudo isso é verdade, mas não toda a verdade. Se não formos cautelosos podemos desenvolver uma alergia às "obras" em suas diversas formas e aspectos e isso poderia nos cegar em relação às afirmações positivas do Novo Testamento a respeito delas.

Para começar, podemos não ser salvos *pelas* obras, mas somos certamente salvos *para* as "boas obras" (Ef 2.10). Em vez de tentarmos fazer o que pensamos que Deus aprovará, devemos fazer as boas obras que ele preparou para nós. As "obras" do tipo certo, portanto, desempenham um papel importante na vida cristã. O que Deus opera em nós deve ser colocado em prática em nossas vidas (Fp 2.12-13).

Há, contudo, uma conexão ainda mais próxima entre fé e obras. O próprio Jesus aceitava que a fé era uma "obra" (Jo 6.29). Seu irmão Tiago realmente botou lenha na fogueira quando escreveu: "Vejam que uma pessoa é justificada por obras, e não apenas pela fé" (Tg 2.24). Aqueles que têm fobia de "obras" entendem isso como uma contradição direta ao ensinamento de Paulo (Lutero era um deles, depreciando a carta de Tiago ao chamá-la de "epístola de palha"). Paulo, no entanto, estava se referindo às obras da lei, realizadas com o

OBJEÇÕES TEOLÓGICAS

intuito de conquistar a salvação; enquanto Tiago está falando sobre obras da fé, para receber a salvação. O ponto importante que Tiago está frisando é que a fé é ativa, não passiva; uma questão de atos, e não de palavras. A confiança [ou fé] precisa ser expressa em ações que colocarão à prova a pessoa em quem se deposita a fé. Citando os atos de Abraão e Raabe (o capítulo 11 de Hebreus lista muitos outros), ele enfatiza que uma profissão de fé sem sua prática é tão útil quanto um cadáver, não pode "salvar". Um pouco antes, ele havia observado que o amor sem obras não pode ajudar ninguém (Tg 2.16). A fim de que sejam eficazes, tanto a fé quanto o amor precisam ser expressos em ações. Mas Paulo, então, fala sobre a "fé que atua pelo amor" (Gl 5.6). O verbo significa atividade prática em contraste com a inatividade teórica, e está relacionada à palavra "energia"!

Então, quais as razões de tanta controvérsia a respeito da palavra "obras"? Aqui estão pelo menos duas delas.

A primeira delas é o acréscimo de "somente" à palavra "fé". Pelágio foi o primeiro a fazê-lo, mas Lutero transformou-a no principal lema da Reforma Protestante: "Somente pela fé". Já falamos sobre o comentário de seu colega Melâncton "a fé não está só", posteriormente utilizado por Calvino. Na verdade, o único uso que o Novo Testamento faz de uma palavra com sentido de "somente" associado à palavra "fé" está no versículo de Tiago já citado, onde ele afirma enfaticamente que uma pessoa é justificada por suas ações e "não apenas pela fé" (Tg 2.24, obviamente ele quer dizer "fé" em pensamento e palavra, mas sem ações).

A outra razão, que exerce influência muito maior, é entender o significado da palavra "obras" como *qualquer atividade humana*, em contraste à atividade divina. Essa ampliação de seu significado é injustificada e prejudica gravemente qualquer debate legítimo. Não mais estabelece distinção entre as obras realizadas com o intuito de merecer ou de ser digno da salvação e as obras realizadas para receber ou apropriar-se da salvação. Todas as ações humanas são descartadas como "contribuições" que visam a salvação. Tornamo-nos recipientes passivos da salvação. A fé não é um ato, mas um dom (Efésios 2.8 é o texto de prova, embora, gramaticalmente, as palavras "é dom de Deus" qualifiquem "salvo" e não "fé"). Até mesmo as obras de arrependimento exigidas por João Batista e pelo apóstolo Paulo (Lc 3.8; At 26.20) são consideradas ações essencialmente divinas e não humanas. Aparentemente, a fim de que a graça seja protegida, absolutamente nada podemos e devemos fazer para nos apropriar dela. A mera sugestão de que o batismo nas águas é um elemento essencial para responder ao evangelho e tornar-se um discípulo de Jesus deve ser vista como o ensinamento da salvação pelas obras!

Onde tudo isso vai terminar? A resposta para "O que devo fazer para ser salvo?" deveria ser "Absolutamente nada!". Até mesmo o hino calvinista do reverendo Augustus Toplady ("Nada trago em minhas mãos, simplesmente apego-me à tua cruz") torna-se suspeito caso "apegar-se à cruz" seja uma "contribuição" para a minha salvação (remeto à minha ilustração da posição arminiana que diz ao homem que está se afogando para agarrar-se à corda que lhe é lançada).

Felizmente, poucos calvinistas são tão lógicos em sua prática quanto na teoria e, desse modo, convidam seus ouvintes a que se arrependam, creiam e sejam batizados. Não deveria, contudo, haver brecha entre o que realmente cremos e o que pregamos. Isso beira à pretensão ou até hipocrisia.

Creio e prego a salvação pela fé, por meio da fé contínua e por obras de fé também sucessivas, garantindo assim um suprimento ininterrupto de graça salvadora. Creio que seja uma afirmação consistente com o ensinamento de todo o Novo Testamento, inclusive a carta de Paulo aos Romanos.

Neste capítulo, analisamos muito brevemente algumas das objeções levantadas principalmente pelos que defendem a versão Ômega ou calvinista contra aqueles que negam a afirmação "uma vez salvo, salvo para sempre".

OBJEÇÕES TEOLÓGICAS

Os leitores talvez fiquem abismados ao saber que ainda não chegamos ao ponto central dessas diferenças. Por trás de todas elas, há uma discordância radical a respeito da natureza do próprio Deus e da condição da humanidade. Divergências tão profundas merecem um capítulo exclusivo.

6 CONTRADIÇÕES FUNDAMENTAIS

A essa altura, é possível que muitos leitores estejam percebendo que a afirmação "uma vez salvo, salvo para sempre" envolve aspectos muito mais complexos do que haviam imaginado. Alguns talvez se sintam, de certa forma, até confusos. Até agora, no entanto, não abordamos as diferenças mais profundas por trás desse debate.

De uma perspectiva, a ideia é vista como uma variação do antigo enigma da predestinação versus livre-arbítrio. Muitos consideram a questão um paradoxo insolúvel, além do alcance de mentes finitas, presas ao tempo. Somente a eternidade resolverá a tensão, dizem eles, portanto não há sentido ou valor em discuti-la.

A Bíblia não nos deixa sair dessa assim tão facilmente, mas nos confronta constantemente com a dialética da soberania divina e da responsabilidade humana. De certo modo, ambos aspectos são verdadeiros. Chegar ao equilíbrio é uma tarefa delicada.

O que está em jogo é o nosso entendimento da natureza de Deus e da natureza do homem. O humanismo tem uma visão excessivamente inferiorizada de Deus (se é que ele existe, deve ser responsabilizado por grande parte do mal) e uma visão excessivamente elevada do homem (intrinsicamente bom e apenas parcialmente responsável por seus atos maus). Não é injusto sugerir que o calvinismo, pelo menos em sua forma mais contundente, é culpado do erro oposto – uma visão excessivamente elevada de Deus (!) e muito inferiorizada do homem. Devemos agora comprovar essa acusação.

Visão excessivamente inferiorizada do homem

A natureza "caída" do homem é fundamental à análise bíblica de nossa real situação. A "queda" original dos nossos primeiros ancestrais deixou o legado de uma constituição corrompida a toda a sua descendência. Assim como o rei Davi, fomos todos "concebidos em pecado" (Sl 51.5). Não se trata de uma acusação moral ao ato sexual conforme muitos presumem, mas um reconhecimento sincero de que a reprodução humana nada produziu além de pecadores. Os bebês não nascem moralmente neutros, com potencial idêntico tanto para o bem quanto para o mal. As crianças precisam ser ensinadas a obedecer, a dizer a verdade, a ser generosas e gentis, porém não é necessário ensiná-las a desobedecer, a contar uma mentira, a ser cruéis ou rudes. Elas geralmente aprendem a dizer "não" antes de aprender a dizer "sim" (certa mãe me disse que o problema com seu filhinho não era a "força de vontade", mas a "força de má vontade"!).

Quão corrompidos somos nós? O que o pecado dos primeiros seres humanos nos causou?

É nesse momento que devemos questionar a doutrina da chamada "depravação total". Fosse ela aplicada, sem qualquer reserva, à mente, ao coração e à vontade, significaria que somos absolutamente incapazes de ter qualquer pensamento salutar, sentir qualquer desejo nobre e decidir realizar alguma boa ação. Algo aparentemente absurdo à luz da experiência humana. Até mesmo Jesus reconheceu que "se vocês, apesar de serem maus, sabem dar boas coisas aos seus filhos [...]" (Lc 11.13).

Não seria um despropósito afirmar que somos uma mistura incurável de bem e mal, e que nossos melhores esforços são corrompidos, especialmente pelo orgulho de nossas realizações. Pela mesma medida, segundo o santo padrão divino de perfeição, nada podemos fazer além de "estar destituídos da glória de Deus" (Rm 3.23); é irrelevante se carecemos muito ou pouco da glória de Deus.

Além disso, somos incapazes de remediar essa condição. Somente aqueles que dedicaram um esforço real e obstinado para viver todo o tempo em bondade e retidão (Saulo de Tarso, Martinho Lutero e John Wesley imediatamente vêm à mente) avaliam a futilidade de tal empreitada. A dura realidade é que ninguém ainda alcançou o êxito de salvar a si mesmo de seus próprios pecados. Com auxílio e suporte, um ou dois maus hábitos podem ser eliminados por pura determinação, mas logo outros ocupam o seu lugar. A maioria aceita que a busca é inútil e acaba desistindo. Afinal "ninguém é perfeito".

A Bíblia tem uma visão muito realista da condição humana. As falhas de seus maiores heróis são reveladas com grande honestidade. Somente o caráter do próprio Jesus emerge ileso do exame minucioso, sem ser maculado pela insensatez ou pelo pecado.

É nesse contexto que a oferta de salvação pela graça é apresentada. Para o homem é impossível, mas não para Deus. Ele próprio, por si mesmo, está sob sentença de morte, pois um Deus santo deve estabelecer um limite de tempo para o mal, o qual não tem existência independente, mas é apenas uma atitude e um atributo de seres pessoais.

A boa notícia é que o homem pode ser qualificado para a "vida eterna", não por suas próprias realizações morais, mas recebendo a justiça de Deus por meio da fé e da obediência a seu Filho, o Senhor Jesus Cristo, cujo nascimento, vida, morte, ressurreição e ascensão tornaram tal dádiva possível.

Até agora, tudo bem. Todos os cristãos ortodoxos chegariam a um consenso sobre isso. As discordâncias surgem, porém, quando se indaga como esse dom (a justiça que qualifica para a vida eterna) é transmitido por Deus e apropriado pelo homem.

Os defensores da "depravação total" negam que o homem tenha qualquer poder de escolha nessa questão. O pecado corrompeu de tal forma a vontade do homem que ele é incapaz de escolher ser salvo. A escolha será feita inteiramente por Deus. Somente depois que Deus decide salvá-lo, e quando começa a fazê-lo, ele encontrará arrependimento e fé. Em palavras mais simples, ele pode ser considerado responsável por aceitá-la. A decisão pertence a Deus somente.

Um curto passo separa esse ponto da noção de que a "perseverança dos santos" também é de total responsabilidade de Deus, garantida por sua vontade soberana e seu poder onipotente.

Na realidade, devemos mencionar uma versão moderada, provavelmente a mais comum, que acredita que o homem "natural" ainda está livre para escolher se rejeita ou aceita o evangelho, porém uma vez que o aceite, a responsabilidade é entregue a Deus, que, então, usará seu poder soberano para tornar a perseverança final uma certeza.

Seja em sua forma extrema (Deus é totalmente responsável por quem aceita o evangelho e é preservado) ou em sua forma mais branda (o homem é responsável por aceitar o evangelho, mas Deus é responsável por preservar aquele que o faz), a responsabilidade humana é reduzida ou até completamente eliminada. Precisamos entender as implicações morais disso.

Responsabilidade é "habilidade de resposta". Baseia-se na capacidade de escolher entre alternativas, na liberdade da vontade para tomar decisões. A pessoa que não tem escolha no caminho a seguir não pode ser responsabilizada.

A justiça está fundamentada na responsabilidade. As noções de recompensa pelas boas ações e de punição pelas más ações baseiam-se na premissa de que foram feitas escolhas certas ou erradas. O juízo torna-se moralmente ofensivo se as pessoas que estão sendo julgadas foram incapacitadas de agir de forma diferente.

Tornaram-se comuns essas apelações feitas no julgamento. Psicólogos e sociólogos nos encorajam a pensar que nossas ações são predeterminadas pela hereditariedade, pelo ambiente e pelas circunstâncias. Os réus são retratados como vítimas indefesas, mais como pacientes que exigem tratamento do que como criminosos merecedores de punição. O sofrimento penal, portanto, somente pode ser justificado quando serve de restauração para a pessoa em questão ou de dissuasão para outras. A simples retribuição é algo considerado antiquado.

Esse pensamento infiltrou-se na teologia liberal silenciando a ênfase no julgamento e, particularmente, no inferno, que é a retribuição definitiva. O que nem sempre se leva em consideração é que boa parte da teologia conservadora, particularmente da escola "reformada", levanta indagações semelhantes a respeito de responsabilidade do homem.

Se, como resultado do pecado de Adão, sou "totalmente

depravado" a ponto de ser completamente incapaz de fazer qualquer escolha e se Deus é totalmente responsável por qualquer escolha certa que eu venha a fazer, como ele poderia me responsabilizar por elas? Essa é a primeira grande "contradição fundamental" que gostaríamos de destacar neste capítulo.

Como os crentes podem ser julgados por seus pecados se não forem responsabilizados por eles, uma vez que seu arbítrio não era livre e eles não tiveram escolha? A consciência se rebela diante de tal injustiça. Essa mesma consciência, contudo, nos avisa que somos responsáveis, pois tivemos a chance de optar e decidimos fazer o que era errado. A culpa e a vergonha se fundamentam no conhecimento de que poderia ter sido de outra forma. Decepcionamos a nós mesmos.

Como os crentes podem ser julgados, quer para a recompensa quer para a punição, a menos que sejam responsáveis por usar ou abusar da graça? Obviamente, há muitos crentes que não esperam ser julgados, mas o Novo Testamento é muito claro a esse respeito. "Pois todos nós [crentes] devemos comparecer perante o tribunal de Cristo, para que cada um receba de acordo com as obras praticadas por meio do corpo, *quer sejam boas quer sejam más*" (2Co 5.10; veja também Rm 14.10-12 e 1Co 4.1-5). Somos justificados pela fé, mas seremos julgados pelas obras [entenda-se ações]. Pensar que a pior punição que um crente pode receber é a perda de sua recompensa ou "bônus" no céu é desafiar todas as severas admoestações encontradas no Novo Testamento (veja o capítulo 3).

A Bíblia revela um Deus justo que julga com perfeita justiça, recompensando os bons e punindo os maus. Ele não tem favoritos e trata da mesma forma o pecado de crentes e incrédulos.

Isso pressupõe total responsabilidade humana pelas ações, com base nas escolhas feitas pelo livre-arbítrio.

Graças a Deus, que é cheio de misericórdia, pronto a perdoar os pecados pelos quais seu Filho ofereceu plena compensação ao levar sobre si a devida retribuição e nos tornou povo santo, aptos a viver em um universo recriado para todo o sempre. No entanto, ele pode fazer isso somente por aqueles que estão dispostos a ser dessa maneira tratados e transformados. Sendo deles a escolha, e não de Deus, eles podem ser totalmente responsabilizados por não fazê-la ou, tendo feito, não persistir até o fim.

Pensar de outra forma é ter uma visão excessivamente inferiorizada do homem. Ele seria equivalente aos animais, totalmente controlado por seus genes. Os seres humanos, feitos à imagem de Deus, são mais autodeterminados do que predeterminados. A queda desfigurou essa imagem, porém não a obliterou. Ela está lá e pode ser restaurada; ainda pode escolher responder à bondade, tanto humana quanto divina.

Ajudei criminosos em casos perante o tribunal, até mesmo na grave acusação de assassinato. Sempre os encorajei a admitir a responsabilidade por seu crime (em vez de afirmar "Cedi às más companhias", deveriam dizer "Escolhi os amigos errados"; em vez de "Não consegui evitar", admitir "Fiz por vontade própria"). Insisti que fossem totalmente humanos ("Seja homem" deixou de ser politicamente correto!) e aceitassem a acusação. Como resultado, os tribunais, invariavelmente, os tratavam humanamente. Eles recebiam a misericórdia imerecida quando reconheciam a justiça que mereciam. Tornavam-se seres humanos responsáveis quando aceitavam a responsabilidade.

Deus nos trata como seres humanos, responsáveis por nós mesmos. Somos "descendência dele" (At 17.28), embora nem todos sejam seus "filhos" (é raro observar que, no Novo Testamento, a "adoção" refere-se à prática romana de tornar o filho legítimo de outro seu próprio "filho e herdeiro", sócio no ofício ou na profissão do pai; até que isso acontecesse, a criança ficava sob a tutela de um *paidagogos*, um tutor, conforme lemos em Gl 3.25). As crianças não são marionetes ou brinquedos. Não são "coisas" de maneira alguma, são pessoas.

Isso nos leva a outra questão fundamental: que tipo de "pai" é Deus para toda a raça humana e que tipo de "Pai" ele é para seus filhos adotados? Todos os debates teológicos limitam-se ao que os debatedores de fato pensam a respeito de Deus ("teologia" significa o estudo de Deus). A afirmação "uma vez salvo, salvo para sempre" não é exceção.

CONTRADIÇÕES FUNDAMENTAIS

Visão excessivamente elevada de Deus

Neste tempo em que muitos têm uma visão tacanha do Senhor e precisam "engrandecê-lo", pode parecer irreverência, quem sabe até blasfêmia, sugerir que a concepção de qualquer pessoa a respeito de Deus seja excessivamente elevada! Mesmo assim, em seu legítimo desejo de exaltar Deus, alguns o tornaram demasiadamente remoto, distante demais das questões humanas para ser influenciado por elas ou para interagir com elas. Deus se torna tão diferente de nós que seus caminhos passam a ser "inescrutáveis", muito além da súplica, da razão e da compreensão humana.

Ele é visto como um amálgama de atributos abstratos e absolutos – onipotente (ele pode todas as coisas), onipresente (ele está em todos os lugares) e onisciente (ele tem conhecimento de tudo). Na verdade, esses adjetivos precisam ser qualificados à luz da revelação bíblica, que não menciona nenhum dos três.

No que se refere à sua onipotência, há muitas coisas que ele não pode fazer, às vezes por serem incoerentes do ponto de vista lógico (como desenhar um círculo quadrado), mas geralmente por serem moralmente incompatíveis com seu caráter (como, por exemplo, mentir). Decidi, certa vez, fazer uma lista das coisas que Deus não poderia fazer e rapidamente cheguei a 30 itens. Senti-me humilhado, não arrogante, quando percebi, chocado, quantas coisas eu poderia fazer e já havia feito que não seriam possíveis a Deus!

No que se refere à sua onipresença, é mais correto afirmar que ele pode estar em qualquer lugar onde escolha estar. Ele não estava presente durante as três últimas horas de seu Filho sobre a cruz (o grito de abandono não foi apenas um sentimento subjetivo, como indica o prolongado e objetivo eclipse solar). Tampouco Deus visitará o inferno, embora seja um lugar de sua criação. Dizer que "Deus está em todos os lugares" é pisar em um terreno escorregadio que conduz ao panenteísmo (Deus está *em* todas as coisas) e, finalmente, ao panteísmo (Deus é todas as coisas).

Quanto à sua onisciência, seguramente não está claro na Bíblia que o Deus que sabe quando um pardal "salta" (não "cai") ao solo e quantos fios de cabelos há em cada cabeça humana – conhecimento do *presente* – tenha um conhecimento igualmente detalhado a respeito do *futuro*. Ele sabe o que pretende fazer e conhece todo curso de ação possível que os seres humanos podem tomar, mas sabe exatamente quais eles tomarão? É algo discutível. Se assim fosse, ele não poderia ficar desapontado, pois isso implica uma resposta inesperada (veja Sf 3.7 e Mt 1.27). Estamos discutindo questões importantes aqui.

Por um lado, se todo o futuro já é conhecido em mínimos detalhes, mesmo que seja somente por Deus, é virtualmente impossível pensar que, consequentemente, não seja predeterminado. O futuro deixa de ser aberto e flexível, com espaço para a livre escolha. Torna-se fixo e fechado.[10]

Mais grave que isso, essa linha de pensamento coloca Deus fora do tempo e além dele. Embora os cristãos costumem presumir o tempo e a eternidade como entidades completamente separadas, trata-se de uma perspectiva grega e não hebraica. Para a cultura hebraica, "eterno" e "perpétuo" são o mesmo. O tempo é um conceito linear, viajando em uma única direção – do passado, pelo presente para o futuro, seguindo infinitamente na eternidade. Além disso, Deus está inserido no tempo ou, melhor, o tempo está inserido em Deus. Ele é o Deus que era, que é e que há de vir.[11]

O próprio Deus não pode mudar o passado (outro limite à sua onipotência); mas ele pode alterar seu efeito no presente e pode mudar o futuro. Ele está concretizando seus propósitos eternos dentro dos limites do tempo. A História é a história dele.

Mas será que ele está no controle total ou global de tudo o que acontece nos limites do tempo histórico? Há uma enorme diferença entre esses dois, nada menos que um entendimento

---

[10] Para uma discussão útil, porém mentalmente desafiadora sobre essa implicação, veja o estudo de Basinger (1986).

[11] Veja o estudo clássico desse tema em Cullman (1951).

CONTRADIÇÕES FUNDAMENTAIS

muito diferente do próprio Deus.

Um Deus que tem *controle total* cria decretos independentemente de quaisquer influências ou fatores externos. Consequentemente, faz sua criação e suas criaturas se adaptarem a esses decretos. Na esfera humana, isso equivale a impor sua vontade a outros, forçando-os a fazer o que ele decidir, pois tem poder soberano para fazê-lo. O fato de alguns de seus decretos serem benevolentes não altera o fato de que tal "graça" é "irresistível". Ele é um verdadeiro déspota ("dominador absoluto" segundo o dicionário Aurélio), manipulando seres humanos conforme seus próprios planos, independentemente dos desejos deles. Ele é a única pessoa do universo que tem livre-arbítrio. Em relação aos seres humanos, ele é pouco melhor do que um artista da hipnose em massa!

Uma religião fundamentada nessa imagem de Deus exalta a submissão e a resignação como virtudes primordiais. O determinismo gera fatalismo e passividade, não ativismo ("Seja feita a <u>tua</u> vontade", em vez de "Seja <u>feita</u> a tua vontade"). Encontrei esse estado de espírito quando morei na Arábia Saudita, mas foi uma surpresa deparar-me com ele em um encontro de ministros escoceses ("Deus enviará as pessoas de volta às nossas igrejas quando decidir fazê-lo"). O calvinismo e o islamismo não estão muito distantes entre si, pelo menos quanto a esse aspecto!

A Bíblia nos mostra uma imagem bem diferente de Deus. Embora Deus detenha o controle *geral* da história, ele estabelece voluntariamente os limites ao seu próprio exercício de poder por meio de suas criaturas, que são dotadas de relativo, porém não absoluto, livre-arbítrio. Elas são capazes de escolher se vivem em harmonia com a vontade de Deus. Estão livres para serem rebeldes voluntariosos, se assim escolherem, embora a Deus pertença o direito de determinar um tempo limite ao dano que podem causar, bem como o direito de decidir seu destino eterno. De certo modo, ele sujeitou tanto a si mesmo quanto a sua criação, temporariamente, à vontade de suas criaturas. Isso é uma ofensa àqueles que desejam adorar um Deus que não se humilharia dessa forma.

Por que ele fez isso? Porque ele é "amor" e porque ele é "Pai" (dois epítetos não encontrados nos 99 nomes de Alá). Quando me perguntam por que Deus criou a raça humana sabendo do risco que correria ao conceder a liberdade de escolha, eu respondo: "Ele já tinha um Filho e tinha tanto prazer em sua companhia que desejou ter uma família maior". É por isso que o propósito mais fundamental de nossa existência humana é "para que os homens o buscassem e [...] pudessem encontrá-lo" (At 17.27) e o primeiro dever é "amar o Senhor, o seu Deus de todo o seu coração, de toda a sua alma e de todo o seu entendimento" (Mt 22.37; Jesus estava citando Dt 6.5).

Mas há algo a respeito do amor: não pode ser forçado. Se o sentimento deve vir do coração, ninguém pode ser obrigado a amar outra pessoa. Trata-se ainda mais de uma questão da vontade, uma decisão voluntária de devotar-se ao bem-estar e à felicidade do outro, abençoá-lo com tudo o que deseja. Na minha lista das coisas que Deus é incapaz de fazer, o item mais penoso: "Ele não pode forçar uma pessoa a amá-lo". Qualquer ser humano que tenha vivido a agonia do amor não correspondido teve um vislumbre da dor de Deus, que vê o mal que seus filhos impõem uns aos outros e sente a rejeição por parte deles.

O fato de o Todo-Poderoso Criador do céu e da terra permitir isso é mais do que inacreditável, mas é a verdade. Nós, seres humanos, desprezamos o seu amor, desobedecemos à sua vontade, infringimos as suas leis, ignoramos a sua palavra, rejeitamos o seu Filho, provocamos a sua ira e merecemos o seu juízo. Parecemos obcecados (!) por desfrutar a vida sem ele, independentemente do quanto isso nos custe ou das consequências para os outros. E ele não nos impede! Permite que tudo isso aconteça, embora provavelmente esteja partindo seu coração. Muitas coisas que ocorrem neste mundo *não* estão de acordo com a sua vontade, e ele jamais "decretou" que acontecessem.

CONTRADIÇÕES FUNDAMENTAIS

Verdade é que Deus já determinou em sua agenda uma data para pôr fim a essa trágica situação, quando a liberdade de escolha será extinta e as escolhas feitas conduzirão a seu fim apropriado. Enquanto isso, ele fez tudo o que podia para nos salvar do nosso destino – sem impor a nós a sua vontade. O que mais ele poderia ter feito para conquistar nosso coração e mudar nossa mente a fim de que nossa vontade pudesse harmonizar-se à vontade dele? Se acabarmos finalmente vivendo sem Deus por toda a eternidade – a pior característica do inferno – não será culpa de ninguém, exceto nossa própria. Tivemos a escolha de responder à sua graça, independentemente da forma como ela chegou a nós, ou de recusá-la.

Estamos pintando um retrato muito "humano" de Deus. No entanto, uma vez que somos criados à imagem dele, não deveríamos nos surpreender se ele for mais semelhante a nós do que a qualquer outro ser no universo. Isso foi possível porque em um ser humano "habita corporalmente a plenitude da divindade" (Cl 2.9).

O conceito da divindade imutável e impassível deve mais à filosofia grega do que à experiência hebraica. *Yahweh*, o Deus de Israel, podia ser profundamente influenciado pelas súplicas e pelos argumentos humanos. Ele foi persuadido a mudar de ideia pelas orações de Moisés e Amós (Êx 32.9-14; Am 7.4-6). A Bíblia não hesita em afirmar que ele se "arrependeu" do "mal" que planejava fazer, embora a conotação usual dessas palavras seja imoral. "Ressentiu-se" do "dano" que pretendia causar evitaria interpretações equivocadas. O fato de que os seres humanos o persuadiram a mudar de ideia permanece inalterado.

Aqui está um Deus que busca uma resposta e reage a ela. Suas decisões são influenciadas pelas respostas que recebe. Seus relacionamentos com seres humanos não são estáticos, mas dinâmicos. Ele interage e coopera com eles quando isso é possível e, quando não é, reage contra eles. Ele pode "empenhar-se" com eles, porém nunca os forçar.

Poucas imagens desse relacionamento foram interpretadas e aplicadas de forma tão equivocada quanto a do oleiro e do barro, geralmente citada como confirmação da predestinação unilateral do caráter e do destino humano: "Somos simplesmente barro nas mãos dele, para que ele faça de nós o que decidir, algo que está fora de nosso controle".

A visita de Jeremias à casa do oleiro conta uma história bem diferente. O oleiro tomou a iniciativa, na esperança de criar um belo vaso. O barro, contudo, não deslizava em suas mãos e ele o retrabalhou e produziu um vaso rude e imperfeito. Esse barro, disse Deus ao profeta, representava seu povo, Judá. Deus queria torná-los um povo amável, que transbordasse de sua misericórdia, mas eles rejeitaram isso, portanto Deus teria de torná-los um "vaso" de sua justiça, demonstrando seu juízo. Ainda não é tarde demais para que mudem de ideia. Se eles se arrependerem, Deus se arrependerá (Jr 18.8). Porém, o tempo está se esgotando e eles devem responder rapidamente à sua oferta. Logo depois, Jeremias foi instruído a quebrar o jarro de barro endurecido e lançar os cacos no Tofete, local onde eram oferecidos sacrifícios humanos a Baal (mais tarde conhecido como vale de Hinom, ou *Geena*).

Esse mesmo padrão pode ser observado na história do faraó, a quem a analogia do oleiro e do barro também está relacionada (Rm 9.17-21). É evidente que, à primeira vista, essa passagem parece apoiar uma decisão completamente arbitrária do oleiro, independente de qualquer caráter no barro. "Portanto, Deus tem misericórdia de quem ele quer, e endurece a quem ele quer". Mas suas escolhas são puramente arbitrárias? Nosso destino é uma loteria? Do nosso ponto de vista, o fato de sermos bons ou maus é uma questão de sorte ou do acaso? Como podemos confiar em um Deus assim, tão arbitrário e instável em suas relações providenciais?

Voltemos ao faraó. O texto afirma que seu coração foi "endurecido" dez vezes. As sete primeiras vezes, contudo, são atribuídas "à sua própria recusa voluntária de ouvir Deus". As três últimas foram obra de Deus.

Esse costuma ser o padrão dos atos de Deus ao longo da Bíblia. Se escolhemos ser santos, ele está conosco por todo

CONTRADIÇÕES FUNDAMENTAIS

o caminho (veja o capítulo 8). Se escolhemos ser pecadores, chega o momento em que ele nos ajuda em nosso caminho, firmando e favorecendo o caminho que escolhemos. Se não permitirmos que ele faça de nós vasos de misericórdia, ele nos fará um vaso de juízo. O barro pode decidir, mas o oleiro fará algo a respeito dele. Essa reação que conduz a uma ação diferente pode ser vista no primeiro capítulo de Romanos, quando lemos que os homens abandonaram Deus – então, Deus abandona os homens, entregando-os ao desejo repulsivo e obsceno de sua natureza caída.

Há sempre um ponto sem retorno, além do qual nosso caráter e destino são determinados de forma irrevogável, quando o Senhor diz: "Continue o injusto a praticar injustiça; continue o imundo na imundícia; continue o justo a praticar justiça; e continue o santo a santificar-se" (Ap 22.11, na verdade, palavras ditas por um anjo, em nome do Senhor).

A Bíblia afirma com frequência que o Senhor não tem prazer em entregar à própria desgraça aqueles que escolheram erroneamente (Ez 18.23,32; 33.11). Com a mesma frequência, a Bíblia menciona que ele, com brados de alegria, se compraz nos que escolhem corretamente (Sf 3.17; cf. Lc 15.7,10).

Tudo isso qualifica e modifica a noção popular da invariabilidade de Deus, sua "imutabilidade", para usar o termo teológico. É evidente que o caráter de Deus nunca muda. Ele era, é e sempre será absolutamente santo, amoroso, justo e misericordioso. Portanto, é possível confiar e descansar nele plenamente.

No entanto, ele pode mudar de ideia (Gn 6.6 é um exemplo clássico). Pode arrepender-se de uma ação e ressentir-se de uma intenção.[12] Acima de tudo, a Bíblia não hesita em atribuir emoções a Deus. A própria essência dos sentimentos é que eles mudam. Se nossos sentimentos fossem sempre os mesmos, não teríamos nenhum! Tampouco Deus os teria.

Já mencionamos que Deus se deleita naqueles que o amam

---

[12] Para aprofundar-se nesse assunto, veja o livro do Irmão André (1991).

e o servem. Estes também têm a capacidade de entristecer o seu Espírito (Ef 4.30). Ele pode ficar triste ou irado. Pode sentir a dor do ciúme, porém não a da inveja (o segundo está dirigido ao que pertence a outros, o primeiro ao que, por direito, lhe pertence).

Grande parte da nossa experiência emocional origina-se nas atitudes e ações de outros, principalmente se estas são inesperadamente positivas ou negativas. O mesmo acontece com o coração de Deus. Ele é tocado pela obediência voluntária como uma expressão de amor (Jo 15.10). Imagino o que o Pai deve ter sentido quando seu Filho lhe disse: "Não seja feita a minha vontade, mas a tua". E qual deve ter sido seu sentimento no dia seguinte, quando teve de deixar seu Filho para sofrer e morrer sozinho, e assim expressar seu ódio e horror a todos os pecados, transgressões e crimes que seu Filho levava sobre si. Para Deus, aquele dia deve ter sido como mil dias (2Pe 3.8).

A cruz é a prova de que Deus escolheu humilhar-se, colocando-se à mercê dos homens. No mesmo momento e lugar, contudo, por seu propósito benevolente e pelo bem dos homens, ele demonstra sua capacidade de anular o pior que eles podem fazer.

No entanto, ele nunca os obrigará a ser recipientes da sua graça. A visão Alfa de "uma vez salvo, salvo para sempre" acredita que ele assim faz quando alguém deposita nele sua confiança. A versão Ômega pensa que ele faz isso tanto antes quanto depois que alguém crê. Mas ele nunca obrigará uma pessoa a buscá-lo ou a permanecer com ele, se essa pessoa não escolher fazê-lo.

Ele não é esse tipo de Deus. Ele nos permite resistir à sua graça. Ele busca nossa cooperação. Quer trabalhar conosco. Há um slogan que resume bem essa ideia: "Sem ele, não podemos; sem nós, ele não fará".

Fomos chamados para ser "cooperadores de Deus" (2Co 6.1), tanto em nossa própria salvação quanto no serviço a outros. "Ponham em ação a salvação de vocês com temor

CONTRADIÇÕES FUNDAMENTAIS

e tremor, pois é Deus quem efetua em vocês tanto o querer quanto o realizar, de acordo com a boa vontade dele" (Fp 2.12-13).

Qual é, então, a nossa parte no processo que nos conduz à salvação plena e definitiva? Como podemos nos certificar de que a "herança" será nossa?[13]

---

[13] Desde que comecei a escrever este livro, uma coletânea útil, que chegou a conclusões bem semelhantes, atraiu minha atenção. Trata-se de *The Openness of God*, de Pinnock et al. (1994).

7 IMPLICAÇÕES PRÁTICAS

Está na hora de descer das alturas rarefeitas da controvérsia teológica e filosófica e colocar os pés na terra, onde a vida deve ser vivida. Então, como tudo acontece?

Neste capítulo reuniremos todas as dicas que encontramos até agora e as expressaremos em termos de implicações práticas para a vida diária, são as instruções de "como fazer" que deveriam estar presentes em todo livro cristão. Como sempre, elas incluirão o que você deve e o que não deve fazer! Começaremos com as negativas.

Por "herança" queremos dizer a completude da nossa salvação que nos conduz a um estado de santidade e a um lugar no novo universo.

Perder a herança

Posso imaginar que alguns crentes *desejam* saber como fazer para evitar que esse seja seu destino, mas há muitos que *precisam* saber como fazê-lo. Então, como é que acontece?

A primeira palavra que vem à mente é "apostasia" (definida no dicionário como "abandono público de uma religião ou renúncia da fé"). Essa, seguramente, é a causa raiz, embora ela possa ser expressa de muitas formas diferentes. A fé pode ser abandonada aberta ou secretamente, consciente ou inconscientemente, voluntariamente ou de forma não intencional.

A negação pública de Cristo sob a pressão da perseguição é a forma mais óbvia de apostasia. É a situação enfrentada em muitos países do mundo e será uma realidade em todos eles antes do retorno de Cristo (Mt 24.9). Alguns leitores, contudo, provavelmente a considerarão uma circunstância improvável.

UMA VEZ SALVO, SALVO PARA SEMPRE?

Outros consideram o repúdio a Cristo uma possibilidade comparativamente rara, se não remota, que não consideraremos por questões práticas. Muitas vezes, eles creem que essa seja a única forma de perder a salvação, portanto há pouca necessidade de se refletir ou conversar a respeito. Mas há outras possibilidades.

Uma delas é o "pecado imperdoável", que tem atormentado as consciências tenras em relação a muitos pecados distintos, desde masturbação até assassinato, mas que na Bíblia é definido de forma clara. Trata-se do pecado da blasfêmia contra o Espírito Santo, considerar a ação do Espírito como obra do diabo (na verdade, mais provável entre os cristãos do que entre os incrédulos, particularmente quando descrevem atividades e experiências que não são as suas).

Descobrimos (em Hebreus 10) que *qualquer* pecado pode ser imperdoável se continuar a ser cometido de forma voluntária e deliberada, depois de ter sido confessado e perdoado. Tal comportamento revela uma ausência de arrependimento verdadeiro, sendo o arrependimento descrito como "sentir-se tão triste e arrependido a ponto de parar de pecar". Sem arrependimento, o perdão é impossível.

Na mesma epístola também encontramos algumas admoestações a respeito de "negligenciar" e "desviar-se". Esses termos implicam um descaso do qual a pessoa talvez não esteja plenamente consciente. Essa situação, portanto, pode ser a mais perigosa de todas, pois não se percebe o que está acontecendo. Crer na afirmação "uma vez salvo, salvo para sempre" pode acelerar essa ignorância.

Sendo assim, há muitas maneiras de se perder a herança, mas por trás de todas elas está a falta ou a perda da fé, o que significa tornar-se infiel e não ter fé.

Também não há na Bíblia qualquer garantia de que isso não possa acontecer a qualquer um de nós que depositamos nossa confiança em Cristo. Os que retrocedem precisam, urgentemente, ser relembrados de que há um ponto sem retorno e somente Deus sabe qual é.

IMPLICAÇÕES PRÁTICAS

Preservar a herança

Se a causa raiz da perda da herança é o abandono da fé, fica fácil deduzir que a permanência na fé é o caminho para preservá-la. A única exigência é "continuar crendo" (Jo 3.16; Rm 1.16-17). Paulo não depositava sua confiança em sua dramática conversão: "A vida que agora vivo no corpo, vivo-a pela fé no filho de Deus" (Gl 2.20). Quando, finalmente, estava diante da morte, ele foi capaz de dizer: "Guardei a fé" (2Tm 4.7).

A fé, porém, é muito mais do que uma convicção interior. É confiança *e* obediência. Já vimos que "a fé, por si só, se não for acompanhada de obras, está morta" (Tg 2.17). Portanto, a fé contínua implica atividade contínua.

Também não será sempre fácil ou simples. Há uma batalha a ser travada, uma corrida a ser completada. Envolve esforço (Hb 12.14) e luta (Ef 6.12).

A palavra "discipulado", acima de tudo, significa disciplina. Parte dela será aplicada por Deus (Hb 12.17), porém, em grande parte, será autodisciplina: do corpo, por meio do qual muitos pecados são expressos (1Co 9.27) e da mente, na qual muitos pecados são concebidos (Mt 5.21-30; a cura está em Fp 4.8-9).

Precisamos nos manter em movimento. Ser cristão é ser um peregrino, caminhar ou correr ao longo "do Caminho", sempre progredindo, sempre olhando à frente e perseverando. Não basta apenas "permanecer nas promessas", muito menos persistir nas premissas! Li sobre a morte trágica de um espeleólogo (especialista em cavernas) que se perdeu em uma caverna profunda e morreu antes de ser encontrado. A conclusão do legista foi que "ele morreu porque parou de se mover: se continuasse em movimento, ainda estaria vivo quando foi encontrado". Esse princípio tem aplicação tanto física quanto espiritual.

Isso envolverá "observar os meios da graça", para usar uma expressão antiga. A oração e o estudo da Palavra são os principais "meios" individuais. A adoração, a comunhão com os irmãos e a Ceia do Senhor são os principais "meios" públicos.

Manter um canal desobstruído com Deus é essencial para manter-se em "estado de graça". Há total provisão para os crentes que caem em pecado. Quanto antes o pecado for confessado, mais rapidamente ele será perdoado; o sangue de Cristo "continua nos purificando" de todo pecado (1Jo 1.7,9).

Na verdade, a maioria dos livros do Novo Testamento foi escrita com este único propósito: encorajar os discípulos, mostrar-lhes como obter a santidade e o perdão, completando assim a sua salvação. Portanto, uma resposta abrangente à indagação de como preservar nossa herança seria: aprender a colocar em prática o ensino dos apóstolos.

Este capítulo é, propositadamente, muito breve, pois não estamos discutindo "como ser santo", um tema que exigiria um livro exclusivo. Simplesmente frisamos o fato de que "sem santidade ninguém verá o Senhor" (Hb 12.14). Mas já indicamos de forma suficientemente clara que atingir esse objetivo exige tempo e esforço. É a tarefa de toda uma vida.

É possível que, a essa altura, muitos leitores estejam considerando a tarefa inútil! Parece tão fácil perder nossa herança e tão difícil preservá-la. Essa, eu creio, é a verdade, e todos nós precisamos entendê-la. Se você está dizendo a si mesmo "Nunca vou conseguir", saiba que essa é uma descoberta necessária, sem a qual você, de fato, jamais conseguirá! Do ponto de vista humano, é impossível. É bom chegar ao fim de si mesmo. Mas para onde seguir depois?

A maneira como você reage a essa conclusão é o fator de maior importância. Pode conduzi-lo a direções opostas: o desânimo consigo mesmo ou a dependência de Deus.

Aqueles que tentarem ser santos por esforço próprio inevitavelmente encontrarão o fracasso, como aconteceu a todos os que o fizeram. O objetivo está tão distante que a maioria sequer tenta, mas desiste antes de começar. "Se isso é o que significa ser santo, sei que jamais vou conseguir". Trata-se, verdadeiramente, de um "chamado elevado". Se, na

IMPLICAÇÕES PRÁTICAS

pregação do evangelho, a santidade recebesse tanto destaque quanto o perdão, é provável que ainda menos pessoas iniciassem o caminho cristão. Muitos desistem quando descobrem tudo o que o seu compromisso envolve.

Sim, este capítulo, e todo este livro, na verdade, poderia levar ao desânimo. Essa, contudo, é uma reação egocêntrica, autocomiserativa e até autodestrutiva. Meu maior temor enquanto redigia este livro não é por aqueles que discordarão e reagirão de forma enfática, mas por aqueles que concordarão e terão a reação errada! É muito fácil para os que não estão seguros a respeito de si mesmos tornar-se inseguros a respeito de Deus, cruzar a fronteira entre nervoso e neurótico ("demonstrar indevida adesão a uma noção irreal das coisas"). Nunca foi minha intenção desencorajar discípulos, caso contrário eu concluiria o livro nesse ponto, e sobre o leitor recairia o ônus.

Estou presumindo, correta ou incorretamente, que os únicos leitores que percorrerão este volume já são discípulos de Jesus, portanto seu modo de viver ou, pelo menos, seu pensamento, está mais voltado para Deus do que para si mesmos.

Se o desânimo é a reação egocêntrica, a dependência de Deus é a resposta quando ele está no centro da vida do cristão. "Para o homem é impossível, mas para Deus não; todas as coisas são possíveis para Deus" (Mc 10.27). Chegar ao fim de si mesmo possibilita iniciar uma vida com Deus. Foi assim que você começou a ser salvo e é assim que continuará sendo salvo e, um dia, será completamente salvo.

Este é o segredo de toda a vida cristã: continuar crendo no Deus que pode fazer isso, depender da sua graça e não da própria força ou habilidade. Deus não apenas exige de nós a santidade, ele também a oferece.

Evidentemente, jamais podemos alcançá-la por esforço próprio. Mas podemos, "*mediante a fé*, ser protegidos pelo poder de Deus" (1Pe 1.4). Todos os recursos do céu estão à nossa disposição, se nos valermos deles.

Resta-me apenas relembrá-los desses recursos.

8 CONSIDERAÇÕES SOBRENATURAIS

O desânimo com nossa própria habilidade de perseverar é algo saudável se nos conduzir a uma dependência constante de Deus.

Já vimos que calvinistas e arminianos têm muito em comum. Ambos acreditam que somente aqueles que perseveram serão salvos no final. Ambos creem que a única forma de perseverar é através da dependência dos recursos divinos.

A diferença torna-se aparente quando consideramos como esses recursos tornam-se eficazes na prática, se eles são impostos a nós, apesar da nossa desobediência, ou transmitidos a nós, por causa da nossa vontade.

É exagero afirmar que a segunda opção resulta em uma atitude do tipo "Tudo depende de mim". Seria mais verdadeiro dizer: "Dependo dele para tudo". Mesmo assim, perseverança é uma questão de cooperação, não de compulsão. É possível resistir à graça salvadora antes ou depois que o processo de salvação tenha se iniciado. Ela é voluntariamente reivindicada e aplicada.

Neste capítulo, no entanto, queremos avaliar quais são os elementos disponíveis para capacitar o crente a persistir até o fim da jornada.

Um dos títulos de Deus é particularmente relevante para essa discussão. Ele é "nosso Ajudador" (Sl 54.4; Hb 13.6). A palavra implica claramente que ele não assumirá total responsabilidade por nós, mas nos dará toda a assistência possível a fim de que realizemos o que é nossa responsabilidade. Vamos avaliar os cinco aspectos desse auxílio.

A vontade do Pai

"A vontade de Deus é que vocês sejam santificados" (1Ts 4.3). Isso não significa que o decreto divino de predestinação não possa cumprir-se (ele "deseja que todos os homens sejam salvos" – 1Tm 2.3). Tampouco deveria ser visto meramente como uma exigência que nos é imposta. "Vontade" indica desejo intenso, seu anseio de que sejamos como ele, sua determinação de fazer tudo em seu poder para continuar e completar a boa obra que começou em nós, dedicando-se a essa tarefa, mediante nossa reação voluntária às suas iniciativas.

No que se refere à salvação, ele jamais imporá sua vontade sobre a nossa vontade. Durante todo o tempo, ele nos trata como seres humanos responsáveis, que submetem, voluntariamente, a sua vontade à dele, seguindo o precedente de seu Filho unigênito (Mc 14.36). Como isso funciona na prática?

Por um lado, ele permitirá que os crentes pequem, se eles assim escolherem. Ele jamais prometeu impedir que isso acontecesse, mas permitiu que fosse algo possível de se evitar.

Uma de suas promessas é exercer o controle das tentações que sobrevêm a todo crente, individualmente. "Ele não permitirá que vocês sejam tentados além do que podem suportar. Mas, quando forem tentados, ele lhes providenciará um escape, para que o possam suportar" (1Co 10.13). Isso significa que o tentador também está sob sua total autoridade (veja "A fraqueza do diabo"). É por isso que a oração do discípulo ("Pai nosso") diária contém a petição: "E não nos deixes cair em tentação" (Mt 6.13). "A graça de Deus se manifestou salvadora [...] Ela nos ensina a renunciar à impiedade e às paixões mundanas e a viver de maneira sensata, justa e piedosa nesta era presente" (Tt 2.11-12).

Tais afirmações nos deixam sem justificativa. Embora a Bíblia reconheça que os cristãos de fato pecam (1 Jo 1.8), não há nada inevitável a esse respeito. Não precisamos pecar, mas o fazemos sempre que dependemos de nós mesmos e não de Deus. A santidade não é apenas uma possibilidade, mas também uma necessidade.

O máximo que Deus fará para "nos persuadir a perseverar no caminho reto e estreito" é nos castigar quando nos afastamos dele. Como todo pai verdadeiramente amoroso, ele está disposto a causar experiências dolorosas, se estas puderem nos despertar novamente. Essa indesejável disciplina é prova de seu cuidado e interesse contínuos (Hb 12.5-11). No entanto, não há garantia de que aprenderemos a lição. Os voluntariosos e obstinados podem ser levados ainda mais adiante no caminho que escolheram por causa de seu ressentimento com esse tratamento.

O que mais ele pode fazer para nos salvar dos nossos pecados, sem fazer de nós meros fantoches? Ele nos ama demais para permitir que isso aconteça. Seu desejo é ver seus filhos amadurecerem, tanto no conhecimento de si mesmos quanto no conhecimento dele. Isso só pode acontecer se ele lhes conferir a responsabilidade, e não poupá-los dela.

A vida do Filho

"Se quando éramos inimigos de Deus fomos reconciliados com ele mediante a morte de seu Filho, quanto mais agora, tendo sido reconciliados, seremos salvos por sua vida!" (Rm 5.10).

Uma ênfase excessiva na cruz (sim, isso é possível) tende a usar a palavra "salvos" em referência à reconciliação alcançada mediante a morte de Jesus, mas aqui, Paulo usa a palavra "salvos" no tempo futuro e não no passado, conectando-a com o Jesus ressurreto, não crucificado. É a vida dele e não a sua morte que nos "salvará".

O trecho "pregamos a Cristo crucificado" (1Co 1.23) costuma ser citado para justificar um evangelho centrado na cruz, mas o tempo particípio perfeito do verbo significa "tendo sido crucificado" e enfatiza o Cristo vivo (cf. "um Cordeiro, que parecia ter estado morto", mas agora está muito vivo, conforme Ap 5.6). O simples fato é que a cruz sem a ressurreição não poderia remover sequer a culpa do pecado, muito menos o seu poder (1Co 15.17). É por meio da vida de Cristo que nossa salvação continua no presente e será completada no futuro. Há, no entanto, duas dimensões nesta vida presente.

UMA VEZ SALVO, SALVO PARA SEMPRE?

Por um lado, ela é vivida no céu. Ele é nosso Senhor ressurreto e elevado aos céus. Portanto, está na melhor posição possível para nos ajudar: assentado à direita do Pai, representando-nos perante o trono da graça. Ele é nosso sumo sacerdote; não precisamos de outro. "Visto que vive para sempre, Jesus tem um sacerdócio permanente. Portanto, ele é capaz de salvar definitivamente aqueles que, por meio dele, aproximam-se de Deus, pois vive sempre para interceder por eles" (Hb 7.24-25). Mesmo que ninguém mais ore por mim, ele o fará. Pedro deve ter ficado ao mesmo tempo surpreso e alegre ao saber quantas vezes Jesus havia implorado ao Pai a seu favor: "Simão, Simão, Satanás pediu [permissão] para peneirá-los [no plural, portanto refere-se a todos os doze discípulos] como trigo. Mas eu orei por você [singular, portanto refere-se a esse único discípulo], para que a sua fé não desfaleça" (Lc 22.31-32). Podemos estar certos de receber o mesmo apoio espiritual.

Obviamente, pergunta-se então se a oração, mesmo oferecida pelo próprio Jesus, pode ser uma força irresistível, usada para sobrepor-se à vontade de outros (e isso significaria que Jesus convidou Judas Iscariotes a abandonar tudo e segui-lo, mas nunca o incluiu em suas orações?). Podemos apenas dizer que, se o próprio Deus se recusa a impor a outros a sua vontade, ele dificilmente permitiria que as orações, sejam elas oferecidas por seu Filho ou por outros em seu nome, fossem usadas dessa forma. Não se pode negar que a oração intercessória pode ter grande efeito, inclusive sobre o próprio Deus. Ele pode ser persuadido a mudar de ideia e, consequentemente, mudar seus atos, adiando ou até mesmo cancelando um juízo justificado (já mencionamos os exemplos de Moisés e Amós). Também é perfeitamente possível que Deus influencie os seres humanos a mudar de ideia em resposta à oração (At 16.14). No entanto, em nenhum dos casos – Deus e os seres humanos – a integridade da vontade está sendo violada.

Voltando ao nosso ponto principal, Jesus pode interceder por nós, pois está vivendo no céu. E porque estamos "em Cristo", nossa vida também está lá. "Agora a sua vida está escondida com Cristo em Deus" (Cl 3.3). O céu já é nosso endereço residencial. É o lugar que pode e deve ser o foco do nosso coração e da nossa mente. O Cristo que subiu ao céu é a fonte da nossa salvação final. "Quando Cristo, que é a sua vida, for manifestado, então vocês também serão manifestados com ele em glória" (Cl 3.4).

Por outro lado, a vida dele continua a ser vivida na terra. Porque estamos em Cristo, nossa vida já está no céu. Porque Cristo está em nós, sua vida ainda está na terra. Paulo pôde afirmar: "Já não sou eu quem vive, mas Cristo vive em mim. A vida que agora vivo no corpo, vivo-a pela fé no filho de Deus" (Gl 2.20).

Cristo pode ser nosso substituto tanto na vida quanto na morte. Ele levou sobre si a nossa morte, para que pudéssemos levar em nós a sua vida. Ele leva o nosso pecado para que possamos ter a sua justiça.

Embora a "imitação de Cristo"[14] seja o padrão de conduta, não revela o segredo da vida cristã triunfante. Ser como Cristo seria quase impossível, algo que foi alcançado na ficção.[15] A verdadeira resposta é permitir que Jesus viva sua vida em nós. Quando somos incapazes de ser pacientes, deixar que a paciência dele flua através de nós. Quando somos incapazes sequer de apreciar alguém, deixar que ele ame através de nós. Assim Jesus será visto em nossas vidas.

Já estamos abordando a obra do seu Espírito, cujo poder é nosso terceiro recurso sobrenatural.

O poder do Espírito

Deus não está apenas ao nosso lado – ele está dentro de nós, na pessoa do Espírito Santo. Nossa religião é a única no mundo a ensinar que o próprio Deus reside em seus devotos (Jo 14.23).

---

[14] Título do livro de Thomas a Kempis (14??), editado por Biggs (1997), certamente baseado em 1Co 11.1.

[15] Veja o conhecido romance de Sheldon (1990).

UMA VEZ SALVO, SALVO PARA SEMPRE?

O Espírito Santo é uma força, bem como uma pessoa. Foi seu poder que trouxe o universo à existência, para que fosse como é. Enquanto o Espírito pairava sobre a superfície do planeta (Gn 1.2-3), Deus lhe dirigiu suas ordens de criação. Foi o poder do Espírito que revestiu todos os átomos e lançou as estrelas em sua órbita.

É seu o poder tanto da nova quanto da velha criação. Seu poder ressuscitou Jesus dentre os mortos e pode vivificar nossos corpos mortais (Rm 8.11).

Todo esse incrível poder está disponível àqueles que foram batizados no Espírito Santo (At 1.5,8; no Novo Testamento, "batizado" é sinônimo de cheio, ungido, selado e simplesmente "recebido").

O Espírito concede o poder de fazermos e de sermos o que está absolutamente além da nossa habilidade ou capacidade natural. Seus dons (plural) e seu fruto (singular) reproduzem as ações e os atributos do próprio Jesus em nós, que agora constituímos o seu "corpo" na terra, por meio do qual ele dá prosseguimento à sua missão (At 1.1).

Outra vez, esse poder não é irresistível. É possível resistir ao Espírito, insultá-lo, entristecê-lo. Seus dons podem ser negligenciados, mal utilizados ou cair em desuso. Somente aqueles que andam no Espírito, permitindo que ele os guie, serão capazes de produzir o fruto. Sem essa poda madura, o poder torna-se desagregador e destrutivo (como aconteceu na igreja de Corinto). É ainda mais perigoso quando desconectado da Igreja.

O amor dos irmãos

Andar no Espírito é também uma atividade coletiva. Manter-se *pari passu* com o Espírito envolve caminhar ao lado de outros crentes (Gl 5.25–6.5). Então, se alguém escorregar e cair, outros poderão ajudá-lo a levantar-se e recuperar o passo. Caso alguém esteja sobrecarregado, outros poderão ajudá-lo a carregar sua carga.

CONSIDERAÇÕES SOBRENATURAIS

Essa "comunhão" do Espírito é um dos maiores privilégios do crente. Não fomos chamados para seguir por conta própria. "Juntos" é uma palavra-chave no livro de Atos. "Vocês" ou "vós" é um pronome de tratamento frequentemente usado nas epístolas, pois o autor dirige-se a um corpo coletivo (como em "Cristo em vocês, a esperança da glória", Cl 1.27, ou "o reino de Deus está entre vocês", Lc 17.21).

Fica muito mais difícil perseverar na vida cristã quando somos separados do amor dos irmãos, embora uma graça especial seja concedida quando as circunstâncias fogem do nosso controle (cristãos como Richard Wurmbrandt, por exemplo, isolados em confinamento solitário). A separação voluntária de outros irmãos em Cristo costuma ser uma fórmula para o desastre. "Não deixemos de reunir-nos como igreja, segundo o costume de alguns, mas encorajemo-nos uns aos outros, ainda mais quando vocês veem que se aproxima o Dia" (Hb 10.25).

Um carvão em brasa logo se esfria quando removido do fogo. Mais pertinente ainda talvez seja o resultado da remoção de um membro ou órgão de um corpo vivo. Muitos cristãos caíram da graça quando passaram a caminhar sozinhos.

A verdadeira Igreja, sendo uma criação divina, também é um de nossos recursos sobrenaturais, um dom da graça disponível a qualquer crente em dificuldade.

A fraqueza do diabo

Satanás, o líder daquela terça parte dos anjos que se rebelou contra o domínio de Deus tornando-se potestades e principados demoníacos, está determinado a preservar seu controle sobre nosso mundo (Ap 12.4; Ef 5.12; 1Jo 5.19). Ele é o soberano, o príncipe, o "deus" deste século (2Co 4.4).

Fará tudo o que estiver ao seu alcance para evitar que qualquer pessoa responda ao evangelho e comece a ser salva. Ele semeia dúvida na mente, desejo no coração e desobediência na vontade. Estamos cientes dos seus artifícios.

Ele também não abre mão dos que são perdoados e reconciliados com Deus, buscando, constantemente, minar sua segurança com lembretes de fracassos passados. Ele persegue os crentes como um leão que ruge, "procurando a quem possa devorar" (1Pe 5.8). É evidente que não acredita na frase "uma vez salvo, salvo para sempre"!

Satanás é um inimigo formidável, extremamente inteligente, sutil na argumentação persuasiva, ciente dos motivos ocultos, um mestre da dissimulação que dispõe de agentes em todos os cantos do planeta. Nem mesmo o arcanjo Miguel "ousou fazer acusação injuriosa contra ele" (Jd v. 9) em um contraste marcante com as orações contemporâneas!

Há, porém, duas qualificações fundamentais de sua autoridade, além das limitações óbvias de ser uma "criatura" (e.g., ele não pode estar em mais de um lugar simultaneamente – Jó 1.7; Lc 4.13).

Primeiro, é fato que o diabo está sob total controle de Deus. Ele precisa pedir a permissão divina antes que possa tocar em um ser humano (Jó 1.12; 2.6). Este mundo, evidentemente, não poderia ter se tornado seu "reino" (Mt 12.26) se Deus não tivesse permitido. Fazê-lo foi um ato de justiça – aqueles que recusam um bom rei devem ter um rei mau. Foi também um ato de misericórdia – a experiência de vida sob um rei mau poderia fazê-los refletir sobre um bom rei. É precisamente pelo fato de a liberdade de Satanás estar restrita à vontade permissiva de Deus que Deus pode prometer limitar as tentações e não permitir que sejamos tentados além do que podemos suportar.

Em segundo lugar, está o fato de que o controle do diabo sobre toda a raça humana foi rompido no Calvário pelo único ser humano que ele não conseguiu seduzir ao pecado, embora usasse todos os atrativos e argumentos possíveis. Pouco antes da sua morte, Jesus fez duas afirmações: "Agora será expulso o príncipe deste mundo" e "o príncipe deste mundo está vindo. Ele não tem nenhum direito sobre mim" (Jo 12.31; 14.30). Paulo via a crucificação como uma derrota decisiva das forças demoníacas organizadas contra Jesus: "e, tendo despojado os poderes e as autoridades fez deles um espetáculo público, triunfando sobre eles na cruz" (Cl 2.15).

A autoridade de Satanás, portanto, foi sempre limitada pelo Pai, e agora é deposta pelo Filho. Para os incrédulos, ele ainda é seu rei, porém seu poder sobre os crentes está cancelado. Ele não tem mais domínio sobre eles. As tentativas de Satanás de recuperar a lealdade dos crentes são um blefe, que pode ser exposto quando resistimos aos seus ataques. "Resistam ao diabo, e ele fugirá de vocês" (Tg 4.7).

Os próprios seres humanos não são páreo para ele. É uma tolice completa subestimá-lo, pior ainda ridicularizá-lo. Jesus provou ser mais do que páreo para ele. Em Cristo, nós também podemos ser. Isso, contudo, exigirá vigilância constante. Jesus ensinou seus discípulos a orar diariamente por livramento: "Livra-nos do mal" (Mt 6.13; literalmente, "do maligno", tanto o artigo quanto o substantivo são masculinos).

Esses são os recursos celestiais em Deus, disponibilizados a nós em Cristo. Não há necessidade nem justificativa para o crente que deixa de perseverar e perde sua herança.

"Se Deus é por nós, quem será contra nós?" (Rm 8.31). Ninguém, exceto nós mesmos!

EPÍLOGO

Charles Wesley compôs seis mil cânticos durante o avivamento do século 18, adaptando muitas músicas populares da época, chegando a tomar emprestado partes de seus versos.[16] Alguns de seus hinos tornaram-se clássicos de todas as épocas:

> E como foi que eu ganhei
> Porção no sangue de Jesus?
> [versão do hino *And Can It Be, That I Should Gain?*]

No primeiro "aniversário" de seu novo nascimento, seu desejo era:

> Mil línguas eu queria ter
> Para louvar meu querido[17] Redentor
> [versão do hino *O For a Thousand Tongues*]

. E o que seria do Natal sem:

> Eis dos anjos harmonia
> Cantam glória ao Rei Jesus!
> [versão do hino *Hark! The Herald Angels Sing*]

Há muitos anos, quando comecei a pregar, certa pessoa me disse: "Quando você pregar as verdades bíblicas, encontrará quase sempre um hino apropriado de Charles Wesley por meio do qual a congregação pode responder à sua mensagem". E acrescentou um alerta: "Se você não conseguir encontrar um hino, deve perguntar a si mesmo sobre o que estava pregando". Embora não seja um guia infalível, descobri tratar-se de uma regra de ouro.

---

[16] A Welcome to the Admiral [Boas-vindas ao almirante] era uma canção entoada pelas prostitutas de Bristol que se tornou "Boas-vindas à alma perdoada" para aqueles que encontraram Cristo.

[17] Seu irmão John achou a palavra "querido" muito habitual e mudou-a para "grande".

UMA VEZ SALVO, SALVO PARA SEMPRE?

A poesia de Charles Wesley está carregada de referências e alusões bíblicas. Em certo verso de oito linhas identifiquei 16 textos bíblicos! Visto que a maior parte dos que vão à igreja aprende sua doutrina por meio das músicas que canta, seus hinos são uma forma excelente de plantar a verdade do evangelho nas mentes e corações. Eles estão recheados de pensamentos e sentimentos edificantes.

Concluo, portanto, este estudo com um desses hinos. Ele esteve presente em todos os hinários metodistas até 1983, embora eu não me lembre de tê-lo ouvido. Era destinado aos não tão recentes convertidos do avivamento e foi incluído na categoria "Para crentes vigilantes". Sugiro aos leitores que se identificam com a perspectiva apresentada neste livro que, ocasionalmente, usem esses versos em suas devoções individuais, recitando-os em voz alta.

> Ah, Senhor, com tremor, venho confessar,
> Que uma graciosa alma da graça pode tombar;
> E se perder seu poder de salgar,
> O sal pra mais nada vai prestar.
>
> Que não me suceda algo terrível assim
> Eleva a minh'alma a ti a cada instante;
> E conduz-me ao alto monte, enfim,
> Pelo vale profundo do amor constante.

[tradução livre do hino *Ah! Lord with Trembling I Confess*]

REFERÊNCIAS BIBLIOGRÁFICAS

AKEMPIS, T. **The Immitation of Christ.** BIGGS, B. J. H. (Ed.). Early English Text Society, London, 1997.

BASINGER, D.; BASINGER, R. (Org.). **Predestination and Freewill.** Intervarsity Press, 1986.

CLEMENTS, R.; HASLAM, H.; LEWIS, P. **Rescue.** Christian Focus Publications, 1995; anteriormente intitulada *Chosen by God.*

CULLMANN, O. **Christ and Time.** Student Christian Movement, 1951.

IRMÃO ANDRÉ. **And God Changed His Mind.** Marshall Pickering, 1991.

PARKER, J. I. **Among God's Giants.** Kingsway, 1991. p. 169.

PAWSON, D. **The Normal Christian Birth.** Hodder & Stoughton, 1989.
_____. **The Road to Hell.** Hodder & Stoughton, 1992.
_____. **When Jesus Returns.** Hodder & Stoughton, 1995.
_____. **Leadership is male.** Anchor Recordings, 2007.

PINNOCK, C. H. et al. **The Openness of God.** Intervarsity and Paternoster, 1994.

ROWLEY, H. H. **The Biblical Doctrine of Election.** Lutterworth, 1950.

SHELDON, R. **In His Steps.** Zondervan, Grand Rapids, 1990

APÊNDICE I

Textos instigantes

Uma das críticas que poderiam ser feitas ao meu livro (e, sem dúvida, seriam) é que ignorei todos os textos que podem ser citados para sustentar a afirmação "uma vez salvo, salvo para sempre". É um ponto válido, que tentarei corrigir agora.

O capítulo 3, no qual abordo os textos bíblicos relevantes, já estava ficando longo demais, por isso, deliberadamente, limitei a investigação às "indicações" bíblicas que tornavam questionável a ideia de "salvo para sempre", minha tese e título do livro.

No entanto, estou plenamente ciente dos versículos frequentemente citados para defender a noção "salvo para sempre" e agora comentarei a respeito deles. Primeiro, devo fazer algumas observações a respeito do uso de provas textuais para sustentar uma doutrina.

É correto e necessário ter afirmações bíblicas específicas para embasar nossas convicções. Há, no entanto, três princípios básicos que são necessários para validar esse procedimento, especialmente quando ele é usado em controvérsia.

Em primeiro lugar, o texto deve ser citado de forma precisa e completa, com seu significado original e pretendido.

Em segundo, o texto deve ser visto em seu contexto (ou torna-se um pretexto!). Não apenas os versículos que o antecedem e sucedem, mas todo o parágrafo, toda a seção, o livro e até o Testamento onde ele se encontra.

Terceiro, o texto deve ser interpretado de forma compatível com tudo o que a Bíblia afirma a respeito do tema, tanto em termos gerais quanto em abordagens específicas.

Tentei preencher esses requisitos em minha pesquisa bíblica, embora esteja certo de que os leitores críticos identificarão quaisquer lapsos! O que transpareceu foi um padrão consistente ao longo de ambos os Testamentos, na maioria dos livros do Antigo e em todos os autores no Novo Testamento.

No entanto, ainda há alguns versículos que, à primeira vista, parecem ensinar exatamente o oposto das conclusões apresentadas aqui, e esses versículos devem ser levados em consideração. Eu os chamo de textos "Mas, como fica..." pois, invariavelmente, são introduzidos na discussão com essas palavras.

Não é estritamente relevante o fato de que, até onde posso perceber, é menor a quantidade desses versículos em relação aos que apresentei (mais de 80). A teologia não é um jogo de números, uma contagem comparativa de versículos "contra" e "a favor". Isso pode ser pertinente quando se apela ao teor "geral" das Escrituras.

Mas devemos insistir na aplicação dos três princípios mencionados anteriormente em todas as abordagens a textos individuais.

Em certa discussão recente, por exemplo, fui confrontado com: "Mas como fica o texto de Filipenses – 'aquele que começou boa obra em vocês, vai completá-la até o dia de Cristo Jesus' (1.6)". Desafiei meu objetor a citar todo o versículo, porém ele não se lembrava do que o texto dizia. Citava esse trecho como se fosse uma promessa divina dirigida a todos os crentes. O versículo, contudo, que não é sequer uma frase completa, começa afirmando: "Estou convencido de que [...]". Trata-se de uma observação humana e não de um juramento divino. E foi feita a respeito dos filipenses, não de todos os crentes em todas as eras e lugares; as palavras seguintes são exatamente: "É justo que eu assim me sinta a respeito de todos *vocês*" (1.7). Acima de tudo, há muito para se ler no termo "convencido" (presente no trecho não citado do versículo porque foi esquecido). É uma palavra que significa "muito otimista", mas não quer dizer "absolutamente certo". Paulo usa exatamente a mesma palavra (*pepoithos*) para referir-se a seu iminente julgamento e resultado. Ele considera sua absolvição extremamente provável, mas está preparado para a improvável possibilidade de sua execução. Sua "confiança" nos filipenses tem notável semelhança com a frase "estamos convictos de coisas melhores em relação a vocês" (Hb 6.9).

Outro exemplo é o apelo a "se somos infiéis, ele permanece fiel" (2Tm 2.13). Visto isoladamente, esse "lema" pode ser interpretado da seguinte forma: "Não importa o que façamos, ele não romperá o relacionamento". Outra vez, no entanto, não foi citado o versículo completo. O restante dele deixa bastante claro que Deus permanecerá fiel a si mesmo e não a nós. Podemos mudar, mas ele não mudará, "pois não pode negar-se a si mesmo". A frase imediatamente anterior a essa "palavra digna de confiança" é: "Se o negamos, ele também nos negará" (2.12). A algumas coisas ele responderá com bondade, a outras, não.

Outro favorito é: "Àquele que é poderoso para impedi-los de cair e para apresentá-los diante da sua glória sem mácula e com grande alegria [...]" (Jd v. 24). Trata-se de uma atribuição de louvor a Deus, não uma promessa divina, conforme demonstra o restante da frase: "Ao único Deus, nosso Salvador, sejam glória, majestade, poder e autoridade, mediante Jesus Cristo, nosso Senhor, antes de todos os tempos, agora e para todo o sempre! Amém" (Jd v. 25). A palavra-chave é "poderoso". É uma referência à sua *capacidade* de preservar, e não à garantia de que irá fazê-lo; "àquele que é poderoso" não deve ser interpretado como "àquele que é obrigado a fazer". Significativamente, apenas alguns versículos antes, os leitores são instruídos: "Mantenham-se no amor de Deus". Há dois lados no ato de "manter". Deus é poderoso para nos manter se nos mantivermos ao seu alcance!

É surpreendente quantos textos como esse possuem o que pode ser chamado de «par correspondente» no contexto, que se qualifica como uma condição atendida. Vários exemplos me vêm à mente. "Ora, é Deus que faz que nós e vocês permaneçamos firmes em Cristo" (2Co 1.21) poderia dar margem à interpretação de que "nenhuma colaboração da nossa parte é necessária", até que, não muito distante desse versículo, lemos: "pois é pela fé que vocês permanecem firmes" (2 Co 1.24). A mesma pessoa que afirma "Estou bem certo de que ele é poderoso para [observe, não diz "é obrigado a"] guardar o meu depósito até aquele dia" (2Tm 1.12) também pode dizer: "Guardei a fé" (2Tm 4.7).

Uma condição restritiva no contexto também é relevante a um dos mais conhecidos versículos usados para embasar a ideia de "uma vez salvo, salvo para sempre". O "bom pastor", referindo-se às suas ovelhas diz: "Ninguém as pode arrancar da mão de meu Pai" (Jo 10.29; o v. 28 diz "arrancar da minha mão"). No entanto, ele acabara de definir suas ovelhas como aquelas que "ouvem a minha voz [...] e me seguem". Os verbos dos dois versículos estão no tempo presente contínuo, portanto simplesmente não podem ser usados para referir-se a alguém que, tempos atrás, o ouviu apenas uma vez e começou a segui-lo. A afirmação aplica-se somente àqueles que o continuam ouvindo e seguindo hoje e que continuarão a fazê-lo (uma tradução moderna expressa bem essa ideia: "Minhas ovelhas têm o hábito de ouvir [...]" – tradução da versão em inglês de Wuest). De fato, é possível afirmar que os que deixaram de ouvir e seguir nunca chegaram a ser suas ovelhas, mas o texto não afirma isso. Jesus está falando aos "judeus" (i.e., da Judeia), que não estavam ouvindo nem seguindo e ainda questionavam o direito de Jesus ao título messiânico de "pastor" (Jo 10.24; cf Ez 37.24). O que ele teria dito a respeito daqueles que de fato ouviram e seguiram, porém somente durante certo tempo, deve ser deduzido de outros textos bíblicos. Além disso, ser "arrancado da mão do Pai" seria consequência da ação de outro; é raramente um verbo ou uma ação que possa ser aplicada a si mesmo (já tentou "arrancar" a si mesmo?). Não é um jogo de palavras. A afirmação não inclui aqueles que, de vontade própria, saltam ou caem dessa mão. Não se refere a um punho fechado do qual não se pode escapar. Se esse versículo fosse interpretado como uma afirmação absoluta de segurança eterna, entraria em conflito com o contexto mais abrangente de todo o livro, cuja ênfase é "continuar crendo" a fim de "continuar tendo vida". E não faria sentido o mandamento de Jesus para permanecer (manter-se, conservar-se) nele como a videira verdadeira ou murchar, secar, ser cortado e queimado (Jo 15.1-6). Portanto, o versículo deve ser interpretado como uma garantia de que *ninguém mais* pode tirar da mão do Pai aqueles que continuam a ouvir e a seguir (um sinônimo para obedecer) seu Filho.

Observações semelhantes se aplicam a outros textos favoritos. "Pois estou convencido de que nem morte nem vida, nem anjos nem demônios, nem o presente nem o futuro, nem quaisquer poderes, nem altura nem profundidade, nem qualquer outra coisa na criação será capaz de nos separar do amor de Deus que está em Cristo Jesus, nosso Senhor" (Rm 8.38-39). A afirmação é, ao mesmo tempo, abrangente e categórica. O que mais há para ser dito? Esse versículo não encerra toda a questão? Foi o versículo recitado para mim entre gritos na Conferência da Spring Harvest (veja o Prólogo). Observei nessa lista, contudo, uma alarmante omissão: nós mesmos! Neste apêndice, já comentamos a exortação: "Mantenham-se no amor de Deus"; é um argumento obsoleto se não houver alternativa. O contexto é uma situação na qual os discípulos estão sob as pressões de "tribulação, ou angústia, ou perseguição, ou fome, ou nudez, ou perigo, ou espada" (Rm 8.35), mas nenhuma delas os derrotará ou os separará de Cristo. Eles sempre serão "mais que vencedores" (Rm 8.37). É uma afirmação extraordinária: nenhum cristão jamais fracassará? Tudo se baseia na premissa: "Se Deus é por nós, quem será contra nós?" (Rm 8.31). Mas e se nos afastarmos dele e, consequentemente, formos contra nós mesmos? Precisamos voltar um pouco mais no capítulo para enxergar todo o quadro. "Sabemos que Deus age em todas as coisas para o bem daqueles que o amam [estão amando, continuam amando]" (Rm 8.28). Portanto, há condições. Outras aparecem um pouco antes no texto. "Se somos filhos, então somos herdeiros; herdeiros de Deus e coerdeiros com Cristo, se de fato participamos dos seus sofrimentos, para que também participemos da sua glória" (Rm 8.17; observe o "se" de Paulo e compare esse versículo com Filipenses 3.10-11). Antes ainda, ele alertou seus leitores que viver segundo a "carne" (i.e., sua "natureza pecaminosa") levará à morte; mas se eles "fizerem morrer os atos do corpo" desfrutarão da vida e da direção do Espírito. O fato de Paulo ver como uma possibilidade real que os crentes permitam que a carne governe suas vidas é confirmado por uma passagem semelhante em outra carta (Gl 5). Alguém pode imaginar que os crentes que vivem dessa forma seriam "mais que vencedores" sob pressão? As afirmações triunfantes do final desse capítulo certamente baseiam-se no pressuposto de que os crentes são controlados pelo Espírito, cuja mentalidade é vida e paz (Rm 8.6), são conduzidos pelo Espírito, desfrutando da certeza do Espírito (que "continua testemunhando" que eles são filhos de Deus; Rm 8.16), orando no Espírito (que intercede "com gemidos inexprimíveis", Rm 8.26). Toda essa "vida no Espírito" é o pano de fundo para as afirmações confiantes que atingem seu ápice nos versículos finais do capítulo. Elas podem ser igualmente aplicadas aos crentes que vivem na carne, permitindo que sua antiga natureza pecaminosa os governe? Ainda podem ficar confiantes de que nada e ninguém mais os dominará? Outros textos bíblicos (especialmente as cartas às sete igrejas da Ásia; Ap 2–3) sugerem que se a batalha interior for perdida, o conflito exterior também conduzirá à derrota. Se não podemos vencer a tentação, dificilmente superaremos a perseguição. As ricas promessas desse capítulo presumem que "você, no entanto, não é controlado pela natureza pecaminosa, mas pelo Espírito, se o Espírito de Deus vive [está vivendo, continua vivendo, vive continuamente] em você. E se alguém não tem [não está tendo, não continua tendo] o Espírito de Cristo, não pertence a ele" (Rm 8.9; o artigo definido está ausente em todo o original em grego, enfatizando o poder em lugar da pessoa do Espírito Santo). Esse capítulo tem várias ocorrências da palavra "se" (oito vezes em nove versículos, Rm 8.9-17). Se essas condições forem cumpridas, então concretizam-se as gloriosas afirmações. Se essas garantias são incondicionais, seria inconcebível que, mais adiante na carta, elas fossem seguidas pela exortação ambígua: "Desde que permaneça na bondade dele. De outra forma, você também será cortado" (Rm 11.22).

Outros recorrem a: "Esse sofrerá prejuízo; contudo, será salvo como alguém que escapa através do fogo" (1Co 3.15). Presume-se que seja uma confirmação de que os próprios crentes não podem estar perdidos quando vier o juízo, mesmo que percam outras bênçãos, particularmente recompensas ou reconhecimento. Mais uma vez, é preciso citar o versículo completo, inclusive a primeira frase: "Se [...] se queimar". Se o que se queimar? O que um homem "construiu" durante seu ministério para o corpo de Cristo, seja esse ministério "pioneiro" ou "mantenedor" (retratado aqui como plantar e regar). Em outras palavras, o que está sendo julgado aqui é o serviço do crente, não os seus pecados. Há grandes variações na qualidade do serviço. O fogo do juízo divino deixará alguns intactos (como ouro, prata e pedras preciosas), mas outros (como madeira, feno e restolho) serão reduzidos a nada. No entanto, alguém que ao menos busque servir ao Senhor sobreviverá, muito embora não lhe reste nada para mostrar por seu trabalho ou que seja merecedor de recompensa. A irrelevância disso para os pecados de um crente, como algo distinto de seu serviço, fica evidente nos versículos seguintes: "Vocês não sabem que são santuário de Deus e que o Espírito de Deus habita em vocês? Se alguém destruir o santuário de Deus, Deus o destruirá" (1Co 3.16-17). Nesse contexto, o pecado é dividir a Igreja em grupos ciumentos e rixosos que "seguem" servos diferentes de Cristo, em vez de seguir o próprio Cristo. Em outra passagem, ele aplica o mesmo ônus à imoralidade sexual (1Co 6.18-19). Podemos sair impunes do serviço medíocre, mas não sairemos impunes do pecado.

Finalmente, vamos avaliar a descrição do Espírito Santo como um "selo" e um "depósito" (Ef 1.13-14). Considera-se que ambos incluem uma garantia de permanência e, consequentemente, de perseverança. Quanto ao "selo", não se trata, necessariamente, de algo permanente. O selo das profecias de Daniel era apenas "até o tempo do fim" (Dn 12.9). O mesmo se aplica aos "sete selos" no plano de Deus para a contagem regressiva da história (Ap 5.9; 6.1). O selo no túmulo de Jesus deveria ter a duração de apenas três dias (Mt 27.64); quando vieram ungir o corpo, as mulheres esperavam que estivesse quebrado. O selo no calabouço do diabo será quebrado em pouco menos de mil anos (Ap 20.3,7). Tudo o que estou dizendo é que um selo pode ser usado de forma temporária ou permanente; não é algo necessariamente permanente. De qualquer modo, trata-se de uma metáfora para o Espírito, portanto a real pergunta não é se o selo pode ou não ser quebrado, mas se o dom do Espírito Santo pode ser removido ou não, o que não se indaga nem se responde nesse contexto. Embora os selos fossem usados de formas diversas (desde documentos até túmulos), eles também eram usados com propósitos diferentes. O que parece ser predominante na mente de Paulo é uma marca de posse estampada em algum bem possuído (ele usa as duas palavras: "marcado" e "posse"). O dom do Espírito aos que "creram" era a confirmação divina de que, agora, eles lhe pertenciam, evidência objetiva a outros de que Deus os aceitara. O versículo em si não garante a interpolação mental de "para sempre" depois de "selado".

"Depósito" é a tradução da palavra grega *arrabon*. Originalmente, era um termo para o pagamento inicial (sinal) em uma transação comercial. Também era usado com menor frequência para referir-se ao outro lado do acordo, a primeira entrega de um pedido maior. Em ambos os casos, sua mensagem era: "Há mais de onde isso veio". No grego moderno o termo é usado em referência ao anel de noivado. Expressa uma clara nota de antecipação, de expectativa pelo restante, do qual o *arrabon* é apenas uma amostra, um prenúncio. Mas, e aqui uso um grande "mas", o "depósito" não é uma garantia de que o restante, inevitavelmente, virá. O depósito estará perdido caso a transação não seja concluída, caso não se receba o restante dos bens ou do pagamento. Até mesmo noivados podem não chegar ao casamento. Seria

APÊNDICES

extrapolar o texto, portanto, considerar o "depósito" como uma "garantia" (como faz o texto da NVI em "é a garantia da nossa herança", inserindo essa palavra onde, no original, ela não está). O "depósito" do Espírito pode garantir que haverá um céu em nosso futuro, mas não garante que o herdaremos; é uma garantia objetiva a respeito desse céu, porém não uma garantia subjetiva a nosso respeito (ou mesmo contra nós, não importa o que aconteça). Há uma indicação disso no fato de que não é possível apropriar-se da herança "até a redenção" (isso deve significar a salvação total e final que inclui a redenção de nossos corpos, cf. 8.23).

Não abordei aqui todos os textos que possivelmente serviriam de base para a afirmação "uma vez salvo, salvo para sempre", mas sim uma seleção representativa dos textos que costumam ser citados. Mesmo que você não concorde com a minha interpretação, no mínimo saberá que estou ciente deles e que os estudei.

Também não sou otimista em relação à mudança de muitas opiniões a respeito desses textos. Quanto mais tempo um versículo é compreendido de determinada maneira, mais difícil será encará-lo por outro prisma. O que de fato espero ter alcançado é a admissão de que há outras interpretações possíveis, que podem ser sustentadas de forma válida e sincera. Apenas aceitar que há ambiguidade em alguns deles já seria um começo.

Outros prontamente me acusarão de tentar "minimizar" o que, para eles, são declarações flagrantemente óbvias. Vamos concordar em discordar, e discordar em concordância!

Minha defesa não consiste em refutar a interpretação tradicional desses textos, razão pela qual eles são avaliados em um apêndice. Ela se baseia no padrão prevalente e coerente dos textos e passagens que apontam para a direção oposta da ideia "uma vez salvo, salvo para sempre", os quais, para esse estudioso da Bíblia, são impressionantes e convincentes demais para serem negados.

APÊNDICE II

O apóstolo da apostasia

É uma coincidência extraordinária (ou é mais do que isso?). Uma das doze tribos de Israel e um dos doze apóstolos da Igreja perderam-se para sempre. Os nomes de Dã e Judas talvez tenham sido gravados em um portão e um alicerce na nova Jerusalém, mas ambos serão substituídos por outros. É um elo sombrio entre o Antigo e o Novo Testamento.

A traição de Judas é tão notória que temos a tendência de negligenciar tudo o que ele fez. Judas foi cuidadosamente escolhido por Jesus, após uma noite de oração, para ser um de seus discípulos mais próximos. Por três anos, ele seguiu Jesus e aprendeu com ele. Foi enviado em missões, tendo como companheiro outro Judas, filho de Tiago. Pregou a boa nova do reino, curou enfermos e expulsou demônios. Era o "tesoureiro" do grupo apostólico, cuidando dos presentes recebidos de simpatizantes.

Curiosamente, Judas era o único apóstolo com antepassados no Sul (Iscariotes significa "de Queriote"); todos os demais eram galileus, e muitos deles tinham parentesco com Jesus (o que explica sua presença nas bodas de Caná).

No entanto, Judas tinha uma falha fatal de caráter – a ganância, especialmente o amor pelo dinheiro. Será que ele se ofereceu para ser tesoureiro ou foi Jesus quem lhe delegou essa responsabilidade? Não sabemos, mas o que sabemos é que ele não resistiu à tentação que o cargo lhe apresentava e apropriou-se indevidamente do dinheiro reservado. Foi ele quem levantou uma objeção quando o valioso unguento foi "desperdiçado" sobre Jesus, pois poderia ter trazido algum rendimento. Judas disfarçou o próprio interesse sugerindo que o resultado da venda poderia ter sido distribuído entre os pobres.

Os detalhes da traição são bem conhecidos. Durante a festa da Páscoa, quando milhares de peregrinos tomavam Jerusalém, as autoridades sabiam que não poderiam prender Jesus publicamente sem provocar um tumulto, pois Jesus era uma figura popular, especialmente entre os galileus. Precisavam saber onde e quando ele estaria só, para que pudessem capturá-lo sem alarde. Judas supriu-lhes a informação pelo valor correspondente a um escravo.

Hoje, há uma tendência no sentido de amenizar a motivação de Judas, sugerindo que fosse mais política do que financeira. Impaciente com a aparente relutância de Jesus em autoproclamar-se rei, Judas teria tentado forçar a situação precipitando uma crise. Não há traço de tal conspiração no registro bíblico.

Muito mais provável é que ele tenha percebido que Jesus não tinha intenção de provocar um golpe de estado, especialmente após o fiasco da entrada na cidade poucos dias antes – sobre um jumento de paz em vez de um cavalo de guerra, culminando nas chicotadas em comerciantes judeus e não em soldados romanos, uma tática pouco diplomática que, inevitavelmente, levou à preferência pública por Barrabás, um combatente da liberdade que recorria a atos de terrorismo.

Aos olhos de Judas, bem como da multidão, Jesus lidava de forma desastrosa com toda a situação. O que poderia ter sido um momento de triunfo tornara-se um horrível anticlímax, com Jesus sendo provocado e ridicularizado diariamente no templo. Estava na hora de livrar-se dessa situação, levando consigo tudo o que pudesse se salvar.

Jesus sabia o que acontecia na mente e no coração de Judas. Após o apelo final da última ceia, Jesus o impeliu a seguir adiante pelo caminho que havia escolhido. Judas saiu no escuro da noite. Teria levado consigo a bolsa de dinheiro? Sua mente ardilosa já havia deduzido que a mudança de lado poderia lhe trazer lucro. Tornou-se o pior traidor da história, sem sequer imaginar que seu nome seria para sempre sinônimo de traição.

Também faz parte do registro o arrependimento quase imediato por seu ato covarde. Seu remorso, contudo, o levou ao desespero e não ao arrependimento. Arremessando as moedas no rosto de seus novos mestres, ele tomou uma corda e tentou enforcar-se em uma árvore. Nem isso ele conseguiu. A corda ou o galho partiu-se e ele despencou para a morte no vale abaixo, seu abdômen rompendo-se com o impacto. Apropriadamente, era o vale de Hinom, ou *Geena*, o lixão de Jerusalém, sempre queimando e repleto de vermes, usado por Jesus como uma imagem do inferno. Também eram lançados ali os corpos dos criminosos executados (seria o destino de Jesus caso José de Arimateia não viesse resgatá-lo). Como disse Pedro, posteriormente: "Judas foi para o lugar que lhe era devido" (At 1.25).

É essa a história humana dessa trágica figura. Mas ela desperta indagações profundas. Houve um lado divino na história? Judas estava predestinado a cumprir seu papel vital de levar Jesus à cruz? Foi deliberadamente por essa razão que Jesus o escolheu? O fato evidente de que Jesus, já no início de seu ministério, sabia que Judas era fatalmente falho, parece indicar essa direção (Jo 6.70: "Todavia, um de vocês é um diabo!"; *diabolos* geralmente significa "falso acusador"). A Bíblia, no entanto, não chega a fazer uma declaração definitiva nesse sentido. Há, porém, um versículo revelador em todos os três Evangelhos sinópticos (Mt 26.24; Mc 14.21; Lc 22.22, NVT): "O Filho do Homem deve morrer, como as Escrituras declararam há muito tempo. Mas que terrível será para aquele que o trair! Para esse homem seria melhor não ter nascido". Isso revela uma inevitabilidade a respeito da traição. Ela havia sido predita pelos profetas e certamente seria cumprida. O *evento* estava destinado a acontecer, mas e o *agente*? A linguagem implica claramente que seria um ato de sua livre escolha, pelo qual ele se tornaria totalmente responsável.

Igualmente enigmática é a sua condição espiritual. Ele havia experimentado um novo nascimento? Era "regenerado"? Mais uma vez, não há afirmação clara à qual possamos recorrer, sugerindo que a pergunta não é importante ou relevante. No entanto, ele parece ter cumprido os requisitos para ser "nascido de Deus" durante o período entre o batismo e a morte de Jesus (Jo 1.12-13; observe os tempos verbais no passado, tornando inapropriado o uso desse exemplo em aconselhamento, quando Jesus não está mais "no mundo" ou entre "os seus" – 1.10-11). Não seria fácil classificá-lo com aqueles que exclamam "Senhor, Senhor" enquanto profetizam, expulsam demônios e realizam milagres (Mt 7.21-22), visto que é difícil imaginar Jesus dizendo a Judas: "Nunca te conheci" quando, na verdade, foi ele quem o escolheu!

Judas é a única pessoa do Novo Testamento a quem são atribuídos todos os três ministérios de apóstolo, presbítero e diácono. Pedro, enquanto supervisionava a escolha de um substituto para Judas (entre muitos!), usa três palavras para descrever seu "ofício" – *apostolos, episcopos* e *diakonos*, um precedente nada encorajador para a combinação dessas funções em uma só pessoa!

Uma frase da oração sacerdotal do Senhor (João 17) tem provocado considerável debate. Após admitir abertamente ter "perdido" um dos que o Pai lhe dera (o que significa que Jesus escolheu Judas porque Deus o havia escolhido), ele o chamou de "filho da perdição" (17.12, ARA). Uma das maneiras de interpretar essa afirmação é que, por natureza, ele sempre fora assim (ele também chamou Tiago e João de *boanerges*, "filhos do trovão", referindo-se ao temperamento deles e não à sua genealogia), ou que isso se tornara seu caráter ou era seu destino futuro (a NVI traduz como "destinado à perdição"). A frase "filho de" pode, portanto, ter uma referência presente, passada ou futura. Entre os comentários bíblicos, há uma tendência de permitir que a preferência (ou o preconceito!) determine a sua escolha, mas trata-se de um dos casos sobre os quais ninguém faz ideia.

É mais seguro ater-se à revelação do que ceder à especulação. A característica marcante do registro é a ênfase de todos os quatro Evangelhos e do livro de Atos. É óbvio que Judas certamente estava presente nas lembranças de seus companheiros, e o papel crítico que desempenhou na execução de seu líder ajudaria a explicar o espaço concedido a ele em seus registros. Mas deve haver algo mais.

APÊNDICES

Retornando ao cenáculo e à última refeição dos discípulos com Jesus (e Judas), descobrimos por que o seu gesto provocou no grupo tal impressão. Quando Jesus chocou os discípulos ao anunciar que havia um traidor em seu meio, a reação imediata de cada um deles foi indagar: "Acaso sou eu, Senhor?". O fato de não pensarem imediatamente em Judas Iscariotes demonstra que, diferentemente de Jesus, eles não estavam cientes da fraqueza interior e da deslealdade potencial daquele discípulo. Na verdade, todos perceberam que poderia ser qualquer um deles. Sabiam que seriam capazes de fazê-lo. A pergunta revela uma ansiedade partilhada por todos. Estavam buscando uma garantia. Coube a João ouvir do próprio Jesus a identidade do traidor, mas ele e os outros sequer tentaram impedir Judas quando este deixou o grupo. É provável que o estado de choque os tenha impedido de perceber o que estava prestes a acontecer. Talvez o alívio que sentiram por não serem o traidor foi tanto que eles se alegraram quando o viram partir!

Lembrando que a Bíblia foi escrita para nos tornar "sábios para a salvação", não é fantasioso supor que o destaque dado a essa tragédia tenha o intuito de ensinar todos os seguidores de Jesus. É possível estar tão proximamente associado a Cristo, como Judas estava, tão envolvido no ministério como ele estava, e ainda assim não ser fiel.

As frequentes referências do Novo Testamento aos perigos da ganância e do amor ao dinheiro indicam que se trata de uma tentação comum. Ela arruinou um dos doze apóstolos e pode arruinar qualquer discípulo. Cabe a todo crente lembrar-se da pergunta: "Senhor, sou eu?".

www.ingramcontent.com/pod-product-compliance
Lightning Source LLC
Chambersburg PA
CBHW071616080526
44588CB00010B/1153